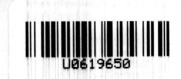

Zhongguo Wenhua
Zhishi Duben

中国文化知识读本

文房四宝

主编 金开诚
编著 于元

吉林出版集团有限责任公司
吉林文史出版社

图书在版编目（CIP）数据

文房四宝 /于元编著. -- 长春：吉林出版集团有限责任公司 ：吉林文史出版社，2009.12 （2023.4重印）
（中国文化知识读本）
ISBN 978-7-5463-1693-2

Ⅰ. ①文… Ⅱ. ①于… Ⅲ. ①文化用品－简介－中国
Ⅳ. ①K875.4

中国版本图书馆CIP数据核字(2009)第236882号

文房四宝

WENFANGSIBAO

主编/金开诚　编著/于元
项目负责/崔博华　责任编辑/曹恒　崔博华
责任校对/梁丹丹　装帧设计/曹恒
出版发行/吉林出版集团有限责任公司　吉林文史出版社
地址/长春市福祉大路5788号　邮编/130000
印刷/天津市天玺印务有限公司
版次/2009年12月第1版　印次/2023年4月第6次印刷
开本/660mm×915mm　1/16
印张/8　字数/30千
书号/ISBN 978-7-5463-1693-2
定价/34.80元

前言

文化是一种社会现象，是人类物质文明和精神文明有机融合的产物；同时又是一种历史现象，是社会的历史沉积。当今世界，随着经济全球化进程的加快，人们也越来越重视本民族的文化。我们只有加强对本民族文化的继承和创新，才能更好地弘扬民族精神，增强民族凝聚力。历史经验告诉我们，任何一个民族要想屹立于世界民族之林，必须具有自尊、自信、自强的民族意识。文化是维系一个民族生存和发展的强大动力。一个民族的存在依赖文化，文化的解体就是一个民族的消亡。

随着我国综合国力的日益强大，广大民众对重塑民族自尊心和自豪感的愿望日益迫切。作为民族大家庭中的一员，将源远流长、博大精深的中国文化继承并传播给广大群众，特别是青年一代，是我们出版人义不容辞的责任。

本套丛书是由吉林文史出版社和吉林出版集团有限责任公司组织国内知名专家学者编写的一套旨在传播中华五千年优秀传统文化，提高全民文化修养的大型知识读本。该书在深入挖掘和整理中华优秀传统文化成果的同时，结合社会发展，注入了时代精神。书中优美生动的文字、简明通俗的语言、图文并茂的形式，把中国文化中的物态文化、制度文化、行为文化、精神文化等知识要点全面展示给读者。点点滴滴的文化知识仿佛颗颗繁星，组成了灿烂辉煌的中国文化的天穹。

希望本书能为弘扬中华五千年优秀传统文化、增强各民族团结、构建社会主义和谐社会尽一份绵薄之力，也坚信我们的中华民族一定能够早日实现伟大复兴！

目录

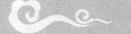

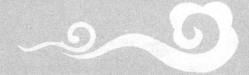

一、文房第一宝——笔

（一）毛笔的历史

文房四宝中，笔居首位，此处的笔指毛笔。在世界历史上，毛笔是中国特有的，举世无双。

毛笔柔软而富有弹性，结构简单。但它的特殊功能使它成为传播汉字文化的重要媒介，并使汉字书法在艺苑中大放异彩，显示出优美动人的魅力。

古埃及的芦管笔和欧洲的羽毛笔早已退出历史舞台，而中国的毛笔至今盛行不衰，已有数千年的历史，并走出国门，走向世界，足见其强大的生命力。

远在新石器时代，我们的祖先就在一些彩陶上用毛笔描绘花纹。在出土的仰韶文化

文房四宝中，笔居首位

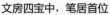

在商代甲骨文中出现了毛笔的痕迹

遗址中，许多彩绘陶器上所绘的动物图案及几何纹饰，明显地呈现出用毛笔写画的痕迹。在商代甲骨文里，也出现了毛笔的痕迹。据《甲骨学商史编》记载，从殷墟出土的三块牛胛骨上，有几个用毛笔写的文字。在一些龟甲上，还可以看到一些未刻的文字，这些文字有施朱涂墨的痕迹。这些朱书或墨书的笔画又圆润又爽利，经专家考证，确实是用毛笔书写的。

在商代甲骨文中有相当多的“聿”字，“聿”字是“笔”字的古体，字的形状是一只手握笔的样子。由此可知，远在三千年前，我国就已经有毛笔了。

东周的竹简、木简、缣帛之上已广泛使用毛笔书写。

在湖北省随州市擂鼓墩曾侯乙墓中发现了春秋时期的毛笔。

1954 年，我国考古工作者在湖南省长沙市左家公山的一座战国时期的墓中发掘出一支长约 21 厘米、直径 0.4 厘米的毛笔。该笔与现在使用的毛笔极为相似，笔头用优质的兔箭毛制成，毛长 2.5 厘米。笔杆系竹管，不同的是笔头不是插在竹杆内，而是用劈开的竹杆端部将笔头夹住，外缠丝线，再涂上漆。这支埋在地下两千多年的毛笔被称为“战国

毛笔与竹简

秦代，笔的制法有了很大的改进

笔”。因为长沙在古代属于楚国，所以又称“楚笔”。

到了秦代，笔的制法大有改进。大将军蒙恬曾将笔杆的一端凿成小窝，把笔头放在窝里粘住。

甘肃武威磨咀子东汉中期古墓中出土的一支笔，笔锋用的是黑紫色的硬毛，外面覆

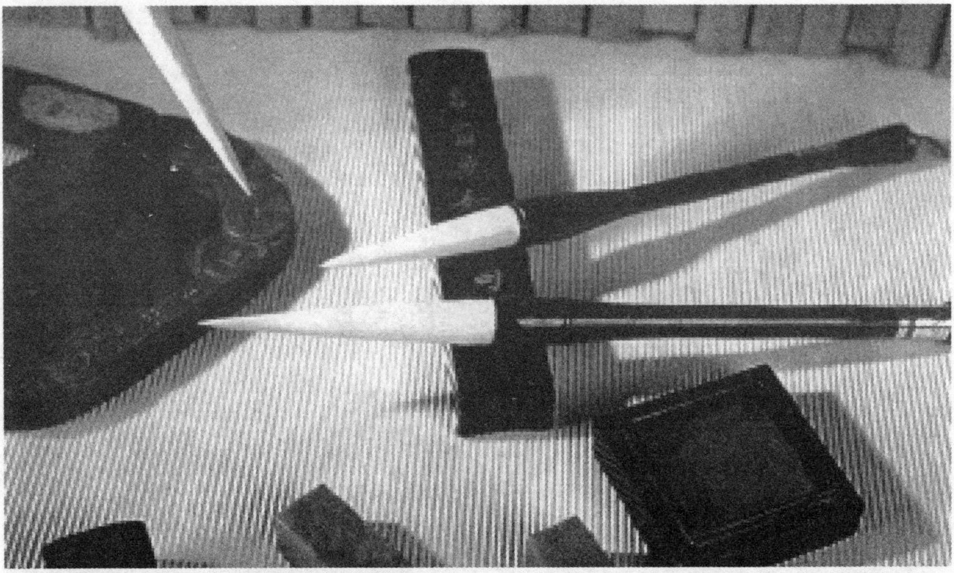
秦笔用兔毫、竹管两种不同硬度的材料制成

盖着一层较软的黄褐色的毛。这支笔被公认为是经过蒙恬改进后的毛笔。秦笔用兔毫、竹管两种不同硬度的材料制成，刚柔相济，便于书写，是造笔史上的一大进步。由于蒙恬在造笔史上的巨大贡献，被世人尊称为“笔圣”。过去，笔作坊的学徒入坊时一定要先拜蒙恬，就像莘莘学子入学时要先拜孔子一样。关于蒙恬造笔，有很多动人的故事。

其一：公元前 223 年，秦国大将蒙括率军在中山与楚国交战，双方打得非常激烈，战争拖了很长时间。为了让秦王及时了解战场上的情况，蒙恬要定期写战况报告上呈秦王。那时，人们通常用竹签蘸墨在帛上写字，书写速度很慢。蒙括虽然是武将，但他满腹锦绣，极富文采。用竹签写战况报告常使他的文思受到影响，因为竹签硬梆梆的，如果墨水蘸少了，写不了几个字就得停下来再蘸；如果墨水蘸多了，就会不停地往下滴，又会把珍贵的帛弄脏了。蒙恬一直想改进造笔工艺，这次他要写大量的战况报告，因此这个愿望就更强烈了。

远在三千年前，我国就已经有毛笔了

有一天，蒙恬利用战争的间隙到野外去打猎。他是神箭手，百发百中，不一会儿就打了几只野兔。在回营途中，一只兔子的尾巴拖在地上，血水洇出弯弯曲曲的痕迹。蒙恬见了，心中一动："何不用兔尾代替竹签写字呢？"

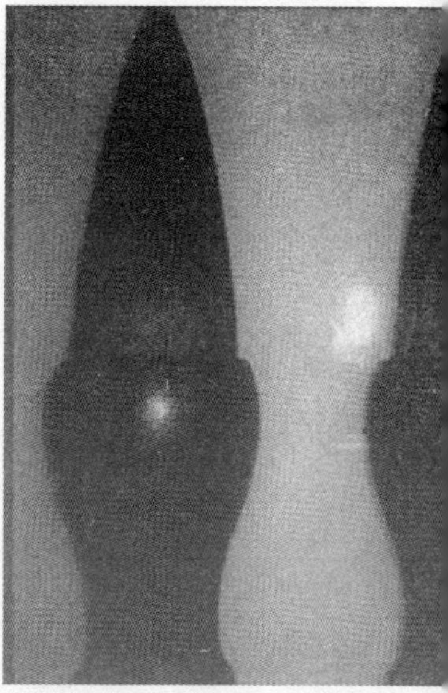
关于蒙恬造笔，有很多动人的故事

回到大营，蒙恬剪下一条兔尾巴，将它插在一根细细的竹管里固定住，然后用露出来的尾尖部分写字。不料，兔毛油光光的，不吸墨汁，在帛上写出来的字迹断断续续，难以辨认。蒙恬一连试了几次都不行，好好的一块帛白白地浪费了。一气之下，蒙恬把自制的兔毛笔扔进了门前的石坑里。

几天后，蒙恬见兔毛笔还静静地躺在石坑里。蒙恬望了望它，发现兔毛的毛色变白了。蒙恬十分好奇，立即将兔毛笔拾了起来，跑

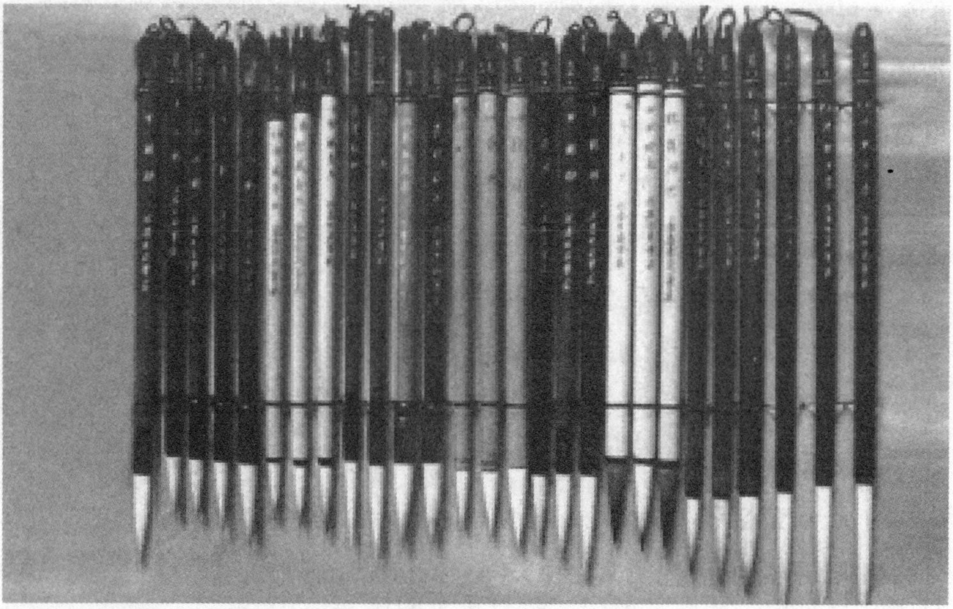

蒙恬急中生智用马鬃制笔博得皇帝青睐，被后人尊称为“制笔始祖”

回大帐往墨汁里一蘸，兔毛一下子就吸足了墨汁。再用它写字，字写得非常流畅，又快又好。原来，石坑里的水含有石灰质，有碱性。经它浸泡，兔毛变得柔软了。由于这支笔是由竹管和兔毛组成的，蒙恬就在“聿”上加了个“竹字头”，成了“筆”字，现在简化为“笔”。

其二：有一年三月初三，秦始皇令大将军蒙恬陪他去看万里长城修得怎么样了。登上长城后，秦始皇见长城修得高大雄伟，不由得心花怒放，一时兴起，要在长城上题几个字，但却没有书写工具。蒙恬灵机一动，从马颈上割了一绺马鬃绑在竹管上，做了一支毛笔。秦始皇用这支毛笔题了几个字，十

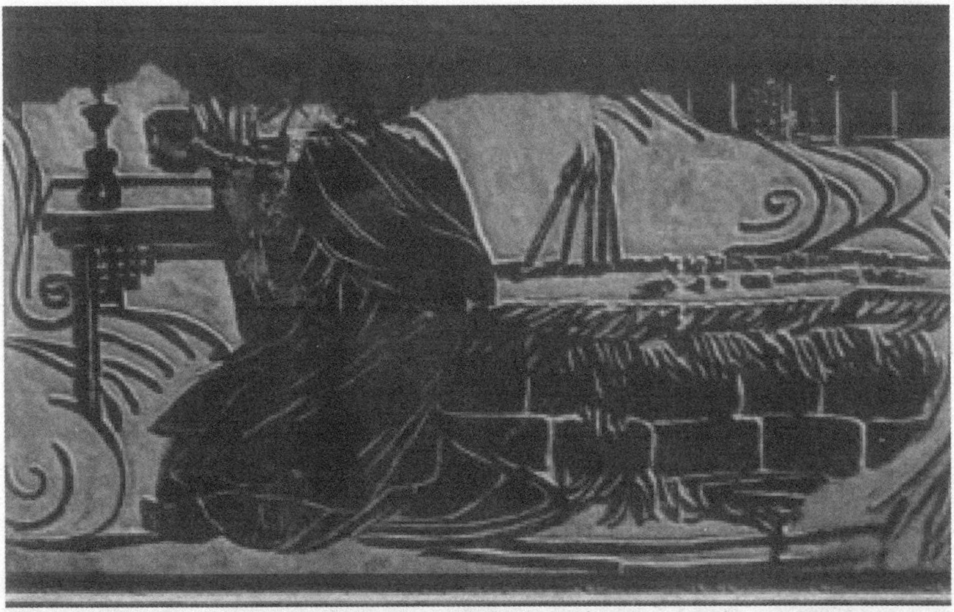

蒙恬造笔石板画

分满意。后来，人们尊蒙恬为制笔始祖。三月三日这一天也就成了毛笔艺人的节日。

其三：蒙恬是秦始皇的名将，曾受命修筑万里长城。据《史记》所载，秦始皇统一六国后，为抵御匈奴，命蒙恬率大军二十万驻守上郡。

在秦始皇的二十多个儿子中，唯有长子扶苏为人贤良，宅心仁厚，文武兼长，颇负众望。秦始皇三十五年（公元前 212 年），秦始皇焚书坑儒时，扶苏曾直言相谏，认为不能这样做。秦始皇勃然大怒，把扶苏贬到上郡去做蒙恬的监军。

秦始皇三十七年 (公元前 210 年) 十月，

文房四宝是书房的装饰品

丞相李斯、秦始皇的小儿子胡亥和中车府令赵高一行随秦始皇出游江南。归途中，秦始皇在平原津一病不起。临死前，秦始皇让赵高写信给长子扶苏，要他速回咸阳参加葬礼。信已写好，尚未发出时，秦始皇就死了。李斯唯恐公子们作乱，于是密不发丧，将秦始皇装在大车上运回咸阳，一路上照旧供奉饮食，只有几个人知道秦始皇已经死了。这时，深得胡亥宠信的赵高开始打坏主意了。当初，秦始皇重用蒙氏兄弟，蒙恬在朝外为将，蒙毅在朝内参政。有一年，赵高犯了罪，依法当斩。秦始皇让蒙毅审理，蒙毅将赵高判了死刑。秦始皇喜欢赵高，因而赦免了他，恢复了他的官职。打那时起，赵高十分痛恨秉公执法的蒙毅。如今，秦始皇死了，赵高想：“如果扶苏即位，必重用蒙氏兄弟，到那时我就倒霉了。”于是，他给胡亥出主意：伪造诏书，以秦始皇的名义诛杀扶苏，立胡亥为太子。胡亥一听大喜，立即同意。赵高又说:“此事不与丞相合谋，恐怕不能成功。”于是，胡亥让赵高找李斯商量。赵高对李斯说：“皇上的符玺和写给扶苏的信都在胡亥手里，立谁

文房四宝与书法艺术密不可分

为太子，全凭你我之口了。你看怎么办好？”李斯说：“你怎么说出这种亡国之言？这不是做人臣的应当议论的。”赵高问道：“在长子扶苏的心目中，你能比过蒙恬吗？”李斯说：“当然比不过蒙恬。”赵高又说：“扶苏如果即位，必然让蒙恬做丞相，到那时你肯定不能衣锦还乡了。而胡亥仁慈宽厚，可以即位。请你好好考虑考虑再作决定吧。”李斯听了，认为他说得有道理，便和他定计，诈称接受秦始皇之命，立胡亥为皇帝。他们另写了一封信给扶苏，说他不能开边立功，士兵多有伤亡，还屡次上书诽谤君父，应该赐死。扶苏见信后，立即自杀了。

东周的竹简、木简之上已广泛使用毛笔书写

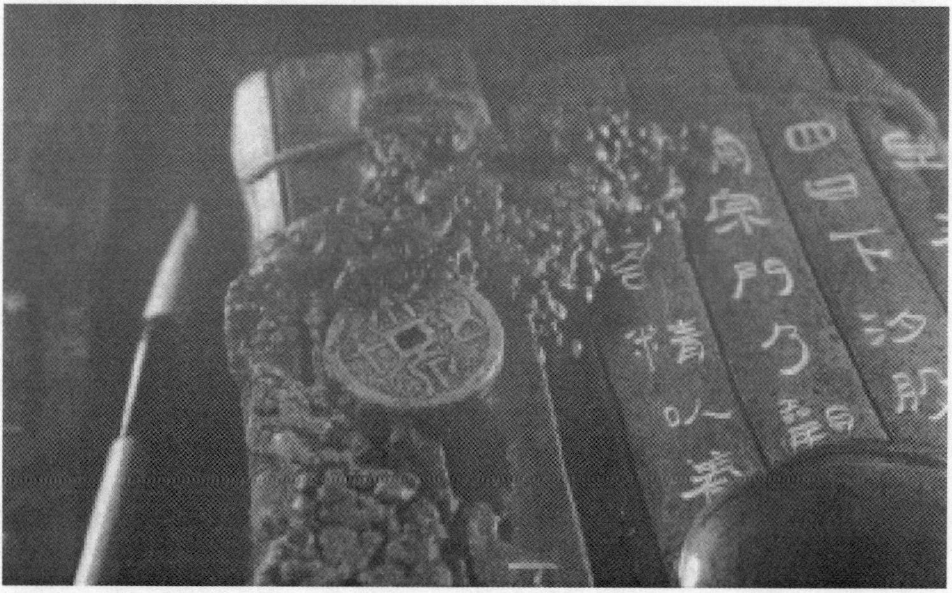

胡亥等人怕蒙恬不服，在边关造反，便设计把他关进狱中，说他不能匡正扶苏，有违秦始皇重托。蒙恬满腹冤屈，无处申诉。一天夜里，他手抚羊裘，受到启发，心中一动，于是用羊毛插在竹管里制成笔，书写心中的悲愤。从此，他彻夜不眠，不停地写着。

后来，在胡亥的威逼下，蒙恬不得不服毒自尽，结束了英雄的一生。蒙恬虽然遇害，但他制的毛笔却流传下来。后人把毛笔叫做“蒙笔”，还赋诗追悼他：“春草离离墓道浸，千年塞下此冤沉。生前造就笔千支，难写孤臣一片心。”

蒙恬虽然遇害，但他创制的毛笔却流传了下来

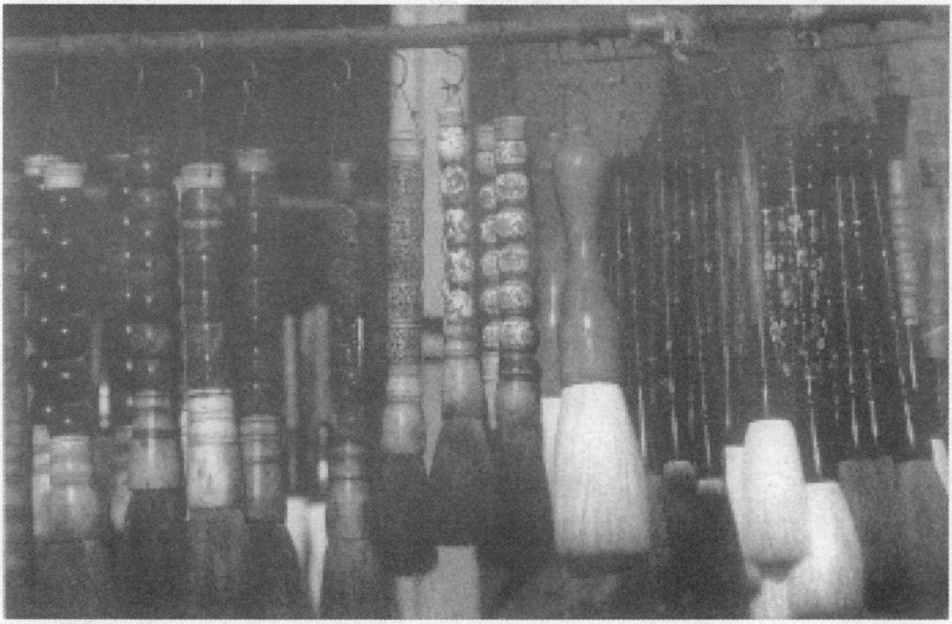

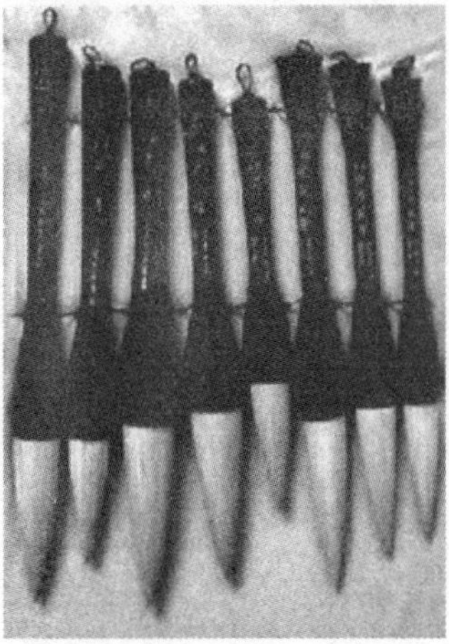
宣笔笔杆较短

这些故事极有意义，展示了伟大的笔圣的精彩一生：参加了统一中国的战争，推动了历史车轮的前进；率将士修筑万里长城，创造了世界十大奇迹之一。

蒙恬功勋卓著，忠贞不贰，却惨死于暴君、奸臣之手，可谓千古奇冤。

总之，蒙恬虽然不是毛笔的最初发明者，但他制的笔精于前人，对毛笔的改造做出很大贡献。我们现在所用的毛笔就是他发明的。因此，蒙恬被尊为笔圣当之无愧。

我国毛笔的发展经历了两个重要时期：

第一个时期是宣笔时期。宣笔发明于汉代，笔杆较短。由于那时还没有高腿桌椅，写字的人跪在席子上，面前摆的是矮几案，所以要悬肘书写，因而要求笔头呈“锋齐腰强”“圆如锥”的形状。

从东晋到唐朝，毛笔都是短锋的，笔毫十分坚挺。现在日本正仓院所藏唐笔，笔毫短，笔头几乎成三角形，和白居易《鸡距笔赋》所描写的形状相似。这种短而硬的笔头对唐代书法产生了相当大的影响。

魏晋时书法艺术的发展促进了毛笔工艺的不断改进。东晋时，宣州陈氏造的笔深受王羲之等人的推崇。

到了唐代，宣州成为全国制笔中心。此时的宣笔无论在制作技巧、选用材料上都已日臻完善，柳公权、欧阳修、梅尧臣、苏东坡等人都对宣笔有过极高的评价。唐代大诗人白居易在赞美宣笔的诗中写道："每岁宣城进笔时，紫毫之价如金贵。"

宣笔在唐朝被奉为贡品和御用笔。唐太宗李世民在选各地贡品时，第一个就选中了宣笔。天宝二年（公元743年），唐玄宗登楼见南方数十郡进贡的特产排列在楼下，其中就有宣城的毛笔。

到了宋代，有了高桌，人们坐在椅子上写字，对于笔锋硬度的要求与以前不同了，

宣笔在唐朝被奉为贡品和御用笔

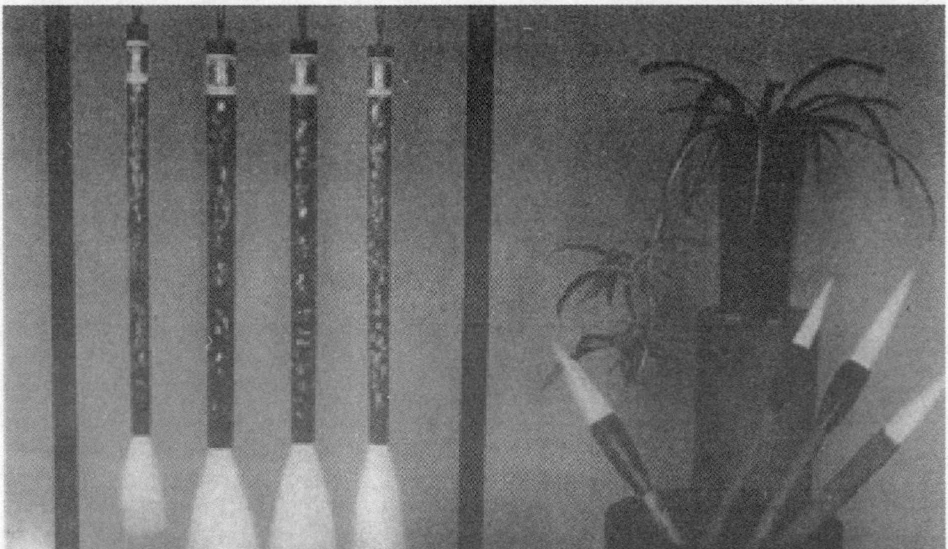

但制笔原料大体与唐代相似。

南宋迁都杭州，全国政治、经济、文化中心转移到长江以南。从元代开始，我国的毛笔又进入了第二个时期——湖笔时期。

湖笔发源于浙江湖州善琏镇，善琏地处杭嘉湖平原，河湖纵横，桑茂竹翠，是个物华天宝、人杰地灵的地方。善琏因而被誉为笔都。湖笔与徽墨、端砚、宣纸一起被称为文房四宝。

元代湖州笔工采用山羊毛制作羊毫笔，或用羊毛与兔毛、狼毛相配制成兼毫笔。制笔以尖、齐、圆、健为四大要素。要求笔头浑圆饱满，弹性适度。这种笔垂下时，自然

湖笔

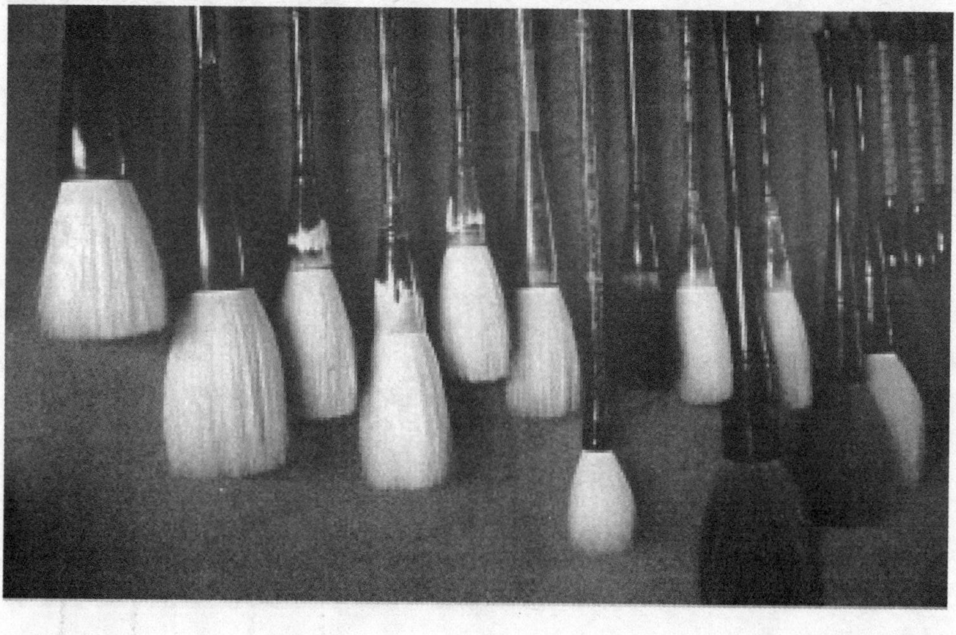

宋笔

收拢成锋,用起来挥洒自如。湖笔比宣笔柔软,取代宣笔成了最著名的品种。

明清两代,湖州都是制笔业的中心。

除宣笔和湖笔外,四川的宋笔也很有名。乐山古称嘉州,有一年,北宋大文学家、书法家苏东坡游览嘉州凌云山。当时,山上新

“清音亭”三字传说为苏东坡题写

建了一座亭子，寺僧拿出当地生产的一支大抓笔请苏东坡题亭名。苏东坡饱蘸浓墨，欣然题写了“清音亭”三个大字。众人见了，无不拍手叫绝。苏东坡说：“不是我的字写得好，而是这支笔好。”不久，北宋另一位大书法家黄庭坚也到嘉州游览，同样用大抓笔写下了“方响洞”三个大字。苏、黄二人都是名家，他们题字后，世人竞相效其书艺，并沿用二人所选之笔写字作画。这就推动当地所产毛笔的工艺精益求精，人们都称赞嘉州毛笔，称之为宋笔。

宋笔流传至今，徐悲鸿于1937年曾题下“嘉州产名笔，工艺甲西南”的赞语。

（二）毛笔的种类

现在，一般毛笔用竹子做笔杆，用动物毛做笔头。但在古代，毛笔的种类是很多的。从笔毫的原料上来分，曾有兔毛、白羊毛、青羊毛、黄羊毛、羊须、马毛、猪毛、鹿毛、麝毛、獾毛、狸毛、貂鼠毛、鼠须、鼠尾、虎毛、狼尾、狐毛、獭毛、猩猩毛、鸡毛、鹅毛、鸭毛、雉毛、胎发、人须、茅草等。

毛笔从毫的性能上分，有硬毫、软毫、兼毫等

综上所述，制笔用的材料千奇百怪，甚至连人的胡须也可以制笔。据《岭表录异》所载：岭南没有兔子，有位太守将一块带毛的兔皮交给笔匠，要他制笔。不料，笔匠喝醉了酒，将那块兔皮丢失。他怕受到惩罚，只得割下自己的胡须冒充兔毛制笔，没想到制出来的毛笔非常好用。太守大喜，命令他再做一支。笔匠万般无奈，只好讲出实情。于是，太守下令要家家户户的老人都把胡子割下来代替捐税。至于用婴儿的胎发制笔，则更是匪夷所思。

从笔毫的性能上分，有硬毫、软毫、兼毫等。

从笔管的质地来分，有水竹、斑竹、棕竹、鸡毛竹、紫檀木、鸡翅木、檀香木、楠木、花梨木、况香木、雕漆、绿沉漆、螺钿、象牙、犀角、牛角、麟角、玳瑁、玉、水晶、琉璃、金、银、瓷等，其中有的属于珍贵材料。

从笔的用途来分，有山水笔、花卉笔、叶筋笔、人物笔、衣纹笔、彩色笔等。

现在，毛笔以紫毫、狼毫、羊毫及兼毫为主。

紫毫笔是用野兔项背上的毛制成的，因毛呈黑紫色，故称紫毫笔。南北方兔毫的坚劲程度不同，因此也有取南北兔毫合制的。兔毫坚韧，谓之健毫笔。北方兔毫长而锐，宜于书写劲直方正之字，一向为书法家所看重。白居易在《紫毫笔乐府词》里写道："紫毫笔，尖如锥兮利如刀。"这将紫毫笔的特性描写得淋漓尽致。但是，因为只有野兔项背上的毛可以用来制笔，所以售价昂贵。紫毫笔的短处是毫颖不长，无法写牌匾大字。

狼毫笔就字面意思而言，似乎是指用狼毫制成的笔。古代确实曾用狼毫制笔，但现在所说的狼毫是黄鼠狼之毫，而非狼之毫。有人也称鼠须笔为狼毫笔，在我国大书法家王羲之之前就有了。黄鼠狼仅尾尖之毛可供

整齐悬挂于笔架上的毛笔

制笔，其性坚韧，仅次于兔毫，也属健毫笔。狼毫笔的缺点与紫毫笔相似，不能写太大的字。

柔毫笔是选取弹性较弱、硬度较小而柔软的动物毛为原料制成的。如用羊毛制的羊毫笔，用鸡毛制的鸡毫笔。其中最常见的是羊毫笔。羊毫笔是用青羊或黄羊的胡须或尾巴上的毛制成的，始于南北朝之前。羊毫笔的特点是毫端柔软，容易摄墨，笔毫便于展开。蒙恬改良的新笔，已经采用羊毫做制笔材料了。

书法最重笔力，而羊毫却柔而无锋，字写出来显得柔弱无骨，历代书法家很少使用。羊毫造笔是南宋以后才盛行的，而被普遍采

云凤纹羊毫笔

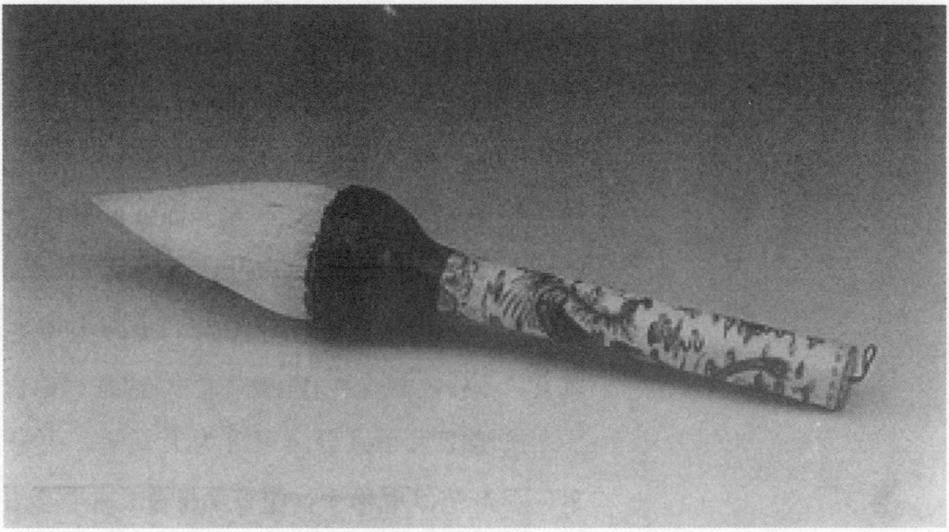

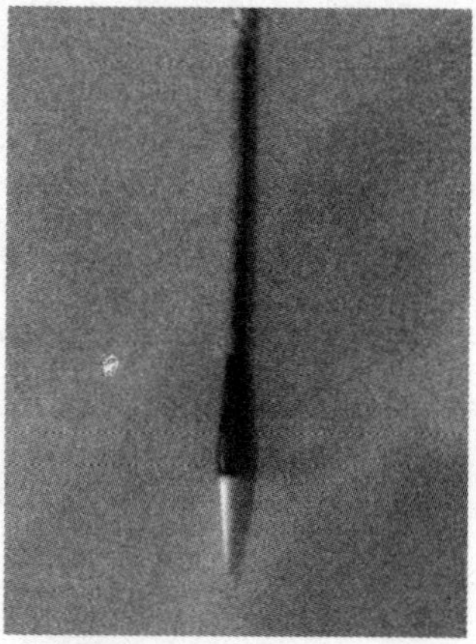

一品羊毫毛笔

用却是清初之后的事。因为清代讲究圆润含蓄，不可露才扬己，只有羊毫能达到这一要求，因而被普遍使用。

羊毫价廉易得，其柔软程度还是有差别的，若与纸墨配合得当，能表现丰腴柔媚之风。羊毫笔毫毛长，能写半尺以上的大字。柔毫笔中最大的叫楂笔，又称抓笔，其次为斗笔、提笔、联笔及屏笔，再次就是我们一般常用的楷书用笔。

兼毫笔是混合两种以上的兽毫制成的，依其混合比例加以命名，如三紫七羊、五紫五羊等。三紫七羊是用三分兔毛和七分羊毛制成的，五紫五羊是用五分兔毛和五分羊毛制成的。兼毫多取一健一柔相配，以健毫为主，居内，称之为柱；柔毫在外，为副，称之为被。柱毫长，被毫短。被也有多层的，如以兔毫为柱，外加较短的羊毛为被，再披与柱等长的毛。这种笔共有三层，根部粗，尖端细，储墨较多，便于书写。兼毫笔因为混合比例不同，或刚或柔，或刚柔适中，这是它的优点。

在毛笔中，还可以按笔型大小和用途来区分。

按笔型大小区分，可分为大毫笔、中毫笔、小毫笔，也称大楷笔、中楷笔、小楷笔。

写小字用笔有小楷狼毫、小楷羊毫、七紫三羊、五紫五羊、小白云等；写中字用笔有中楷狼毫、中楷羊毫、中白云等；写大字用笔有大楷羊毫、紫狼毫大楷、大白云等。

按用途区分，写大草、狂草时用鸡毫；写屏条时用长毫屏笔；题写匾额时用猪鬃做的提笔；写特大号字则用斗笔。

毛笔还可以按毫锋长短区分，分为长锋笔、中锋笔和短锋笔。

毛笔可以按笔型大小和用途来分类

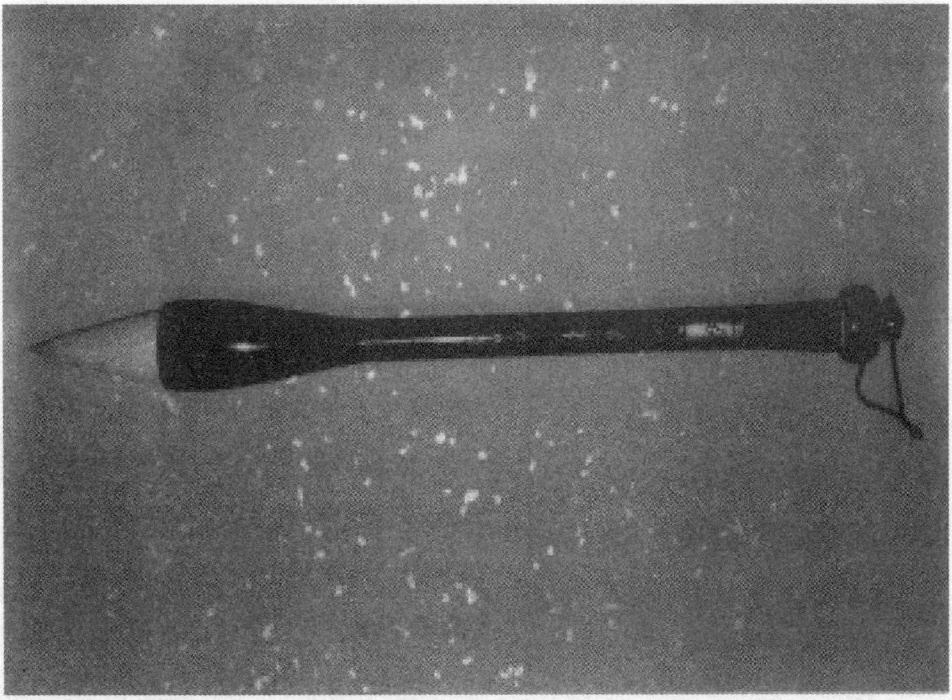

毛笔的传统制笔方法有两种

（三）毛笔的制作方法

中国毛笔的传统制笔方法有诸葛法与韦诞法两种。

诸葛法也称无心散卓笔。据宋叶梦得《避暑录话》所载，此法出于宣州，是宣笔时期制笔工艺的结晶，源于王羲之的《笔经》，也凝结着宣州诸葛一家笔工的心血，如诸葛高、诸葛元、诸葛新、诸葛丰等。欧阳修曾称颂道："宣人诸葛高，世业守不失。"这里所说的"世业"即诸葛家传的制笔方法。

韦诞法是三国魏人韦诞发明的。韦诞，

字仲将，有文才，工书，善制笔墨，著有《笔方》一书。其法是用两种不同的兽毫制笔，强者为柱，柔者为被，此法一直沿用至今。

（四）毛笔的选用方法

毛笔有“四德”，即尖、齐、圆、健。四德也就是“四美”或“四优”。

第一德是尖，指笔毫聚拢时末端要尖。毛笔只有末端尖时写字才容易出锋棱，便于传神；反之则成秃笔，做书时神彩全无。选购新笔时，笔毫有胶聚合，极易分辨是尖笔还是秃笔。在检查旧笔时，要先将笔毫润湿，使笔毫聚拢，则尖秃立辨了。

毛笔有“四德”，即尖、齐、圆、健

第二德是齐，指笔尖润开压平后，毫尖齐时说明笔毫长短相等，中间没有空隙。这样，运笔时才能万毫一齐用力，写出好字来。要想知道毛笔的笔毫是否是齐的，需要把笔毫完全润开。为此，选购毛笔时比较困难，有时无法检查这一点。

第三德是圆，指笔毫要圆满，也就是毫毛要充足。毫毛充足则书写时笔力充足；反之，毛笔枯瘦就会缺乏笔力。只有笔毫圆满时，运笔才能圆转如意。选购时，毫毛有胶聚拢，是否圆满，一望可知。

第四德是健，指笔腰要有弹力，笔有弹力才能运用自如。笔腰有弹力时，如将笔毫

毛笔工艺随书法艺术的发展不断改进

重压后提起，会立即恢复原状。一般而言，兔毫、狼毫弹力较羊毫强，写起字来自然坚实挺拔。检查这一点时，要先将笔毫润开，然后将笔尖在桌子上重按下去再提起，如笔锋能立即伸直的，便具有健德。

选笔是一门学问

四德指的是笔本身的上佳功能，但具体问题要具体分析。例如：在选笔时一定要顾及你所临摹的碑帖状态如何。如果碑帖上的字迹风格健劲，你就选用健毫；如果柔媚丰腴，你就选用柔毫；如果刚柔难分，你就选用兼毫。只有选笔正确，才能臻乎书法妙境。

还有一点也务必注意，那就是字体的大小。写大字要用大笔，写小字要用小笔。如果用小笔写大字，极易损伤笔毫，而且还不能运转自如；如果用大笔写小字，则笔画极易粘连或重叠，写不成好字。

（五）毛笔的保养方法

选中好笔之后，将它保养好是十分重要的。我们在启用新笔之前，必须开笔。这就是将买来的笔用温水泡开，但浸水时间不可太久，笔锋全开即可，免得使笔根胶质化开。否则，毫毛容易脱落，好笔就会变成掉毛笔。开笔时要注意，因紫毫较硬，宜多浸在水中一些时间。开笔之后，这支毛笔就可以使用了。

每次写字之前，还必须润笔。润笔是写字前的必要工作，切不可将笔拿起来就沾墨写字。方法是先用清水将笔毫浸湿，随即提起，不可久浸，以免笔根的胶化开。然后，将笔挂起，直至笔锋恢复韧性为止。这大概需要十几分钟的时间。笔保存之时必须干燥，因此，如果不经润笔直接写字，毫毛会变得脆而易断，弹性不佳，再也写不出好字了。

写字之前还要入墨，也就是沾墨，这里面也有很大学问。为求入墨均匀，并使墨汁能渗进笔毫，必须将笔毫上的清水先吸干，

写字之前要润笔

精美的笔洗

方法是将笔在吸水纸上轻掭，直到吸干为止。这里所谓的干并非完全干燥，只要容易入墨即可。古人说：“笔之着墨三分，不得深浸致毫弱无力也。”这是说，沾墨时要沾三分墨。墨少则过干，不能运转自如；墨多则笔毫腰部涨而无力，失掉弹性。

写完字后要立即洗笔。因为墨汁中有胶质，若不洗去，笔毫干后必与墨、胶黏合，再用时不易化开，还极易损坏笔毫。洗净之后，先将笔毫余水吸干并理顺，方法与入墨之前相同。将笔悬于笔架上，使余水继续滴落，

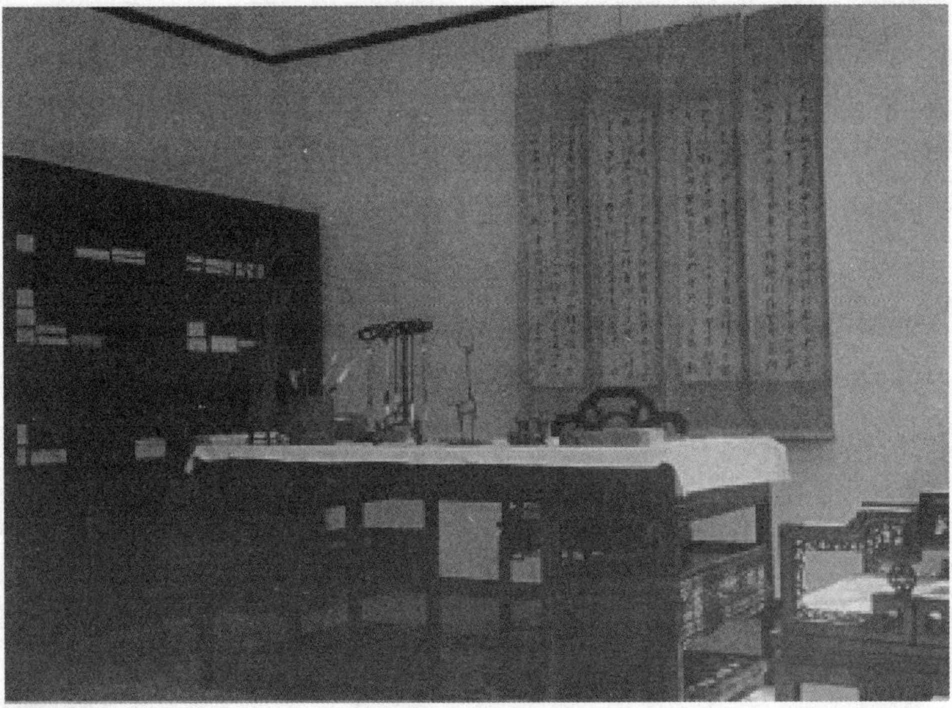

书房一景

店铺里的文房四宝

直至干燥。毛笔必须置于阴凉处阴干，切不可曝晒于阳光之下。这样，可以保持笔毫原形及特性。

二、文房第二宝——墨

人工墨最早出现在汉代

（一）墨的历史

远在新石器时代（公元前2500—公元前2100年），我们的祖先就已经开始用墨进行装饰了。和现代不同，那时用的都是天然矿物。有文字可查的墨出自周朝刑夷之手。

邢夷是周宣王（公元前827—公元前782年）时人。有一天，邢夷在河边看到水中漂来一块松炭，便随手拣了起来，结果弄了一手黑，这引起他极大的兴趣。他把松炭带回家中捣碎，研成细末，再用糯米汁调和，制成中国历史上第一块墨块。

我们从长沙出土的晚周帛画上的墨色和

战国竹简上的墨色来看，都证明周代已经出现了墨。

汉朝时，墨的制作工艺有了发展。汉朝宫廷里特别设置了专门掌管笔、墨等文房用品的官员。

在人工制墨发明之前，人们利用天然墨或半天然墨来做书写材料。史前的彩陶纹饰、商周的甲骨文、竹木简牍、缣帛书画上面都留下了原始用墨的遗痕。古代的墨刑（黥面）、墨绳（木工所用）、墨龟（占卜所用）均曾用过墨。经过漫长的历程，到了汉代，终于出现了人工墨。这种人工墨的原料取自松烟，最初是用手捏合而成的。后来，改用模制。墨质坚实，成碎块状，用研石在砚上磨成墨汁使用。

魏晋南北朝时，制墨的人虽不多，但墨的质量却不断得到提高。魏时，韦诞（字仲将）总结前代经验，制出了被人誉为“仲将之墨，一点如漆”的佳墨。

到了晋代，制墨技术进一步发展，发明了用胶配制成墨的方法，用胶后，才能制成墨锭，与现代的墨已经相差不远，使墨的质量大为改善。

唐朝初年，随着政治、经济和文化的发

质地细致的墨锭研磨出的墨汁也浓淡适中

研墨是练习写字基本功的手段之一

展，墨工人数增多，制作水平也大大地提高了。这时，已开始用桐油等炼烟制墨了。唐朝末年，天下大乱，易州著名墨师奚超、奚廷珪父子避乱于安徽歙州，见黄山上满山都是适于制造好墨的松树，于是又重新开始了制墨生涯。奚氏父子潜心专研，改进了捣松和胶的技术，制出了光泽如漆的佳墨，受到南唐后主李煜的赏识。奚廷珪出任李煜的墨务官，全家被赐予国姓，改姓李氏。从此，“李墨”名满天下，一度形成“黄金易得，李墨难求”的情况。

宋朝时，歙州改称徽州。这时，用油烟制墨技艺大有改进。整个徽州地区几乎家家制墨，“徽墨”之名由此而来。

明朝时，工商业进一步发展，资本主义的生产方式有了一定程度的萌芽。过去秘而不传的用桐油烟与漆烟制墨的方法被广泛使用，墨的生产又向前发展了一大步。久负盛名的徽墨开始出口，远销日本、东南亚等地。

清朝时，出现了曹素功、汪近圣、汪节庵、胡开文“制墨四大家”，并有“天下之墨推歙州，歙州之墨推曹氏”之说。清代的墨无论在数量和质量方面都远远超过了历代水平。

现代制墨仍沿用传统工艺，从制成烟料到最后产出成品，其中经过入胶、和剂、蒸杵等多道工序，并有一个模压成型的过程。墨模的雕刻是一道重要工序，也是一个艺术性的创造过程。墨的造型大致有方、长方、圆、椭圆、不规则形等。墨模一般是由正、背、上、下、左、右六块组成，圆形或偶像形墨模则只需要四块板或两块板。

（二）墨的种类

墨的品种繁多，宏观上分为实用墨和观赏墨。实用墨又分为松烟墨等。

松烟墨：用优质松烟作主要烟料制成。具有质细色润，不带油腻，容易着色等特点，适宜于画工笔画。松烟至魏晋之后取代石墨之地位。松烟墨起源甚早，至汉代已有名贵松烟墨。历代制墨名家中，最享盛名的是南唐李廷珪，相传“李墨”质地之坚硬不亚于石墨，其墨能削木，偶尔误坠沟中，数月不坏。现代松烟墨是用松树枝熏出来的烟灰掺以动物骨胶捣制而成。由于骨胶易腐，故配以麝香、冰片、猪胆等药材防腐，并能解胶而增强墨的渗透力。

油烟墨：先用桐油等植物精炼成烟，再伴以牛皮胶、天然麝香和冰片等名贵中药以及金箔等珍贵材料精制而成，具有色泽黑润、

好砚台要用质量好的墨，否则会损坏砚台

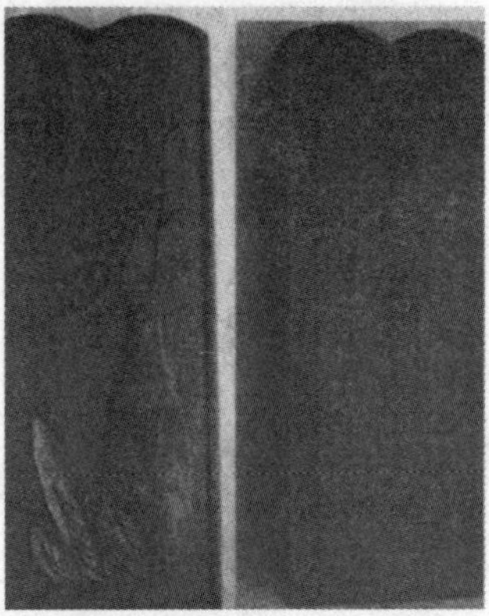
朱砂墨

馨香浓郁、入纸不洇、舔笔不胶、书画自如、历久不褪色等特点。现代多用猪油、煤油熏出来的烟制成油烟墨。

炭黑墨：选用优质工业炭黑作为主要烟料，具有色泽黝黑，容易扩散等特点，适宜于书法和泼墨画。

朱砂墨：呈深朱红色，古代用于圈句和批文之用，历代一些著名画家喜欢用它画梅花。

五彩墨：用优质矿物颜料精制而成，属高档国画颜料，不易褪色。

药墨：由特选松烟和八宝五胆等中药精制而成，能止血、消炎、治疗喉患口疮等热症。

贡墨：封疆大吏为了求宠，不惜工本命令墨工精制的，用于进呈，供皇帝书写之用。也有由朝廷下令按旧制征供的。

御墨：封建时代皇帝写字用的墨。唐朝以后，专门设置墨务官，负责制造御墨。清朝内务府御书处也设置库掌、匠役专门制墨。

观赏墨：也称珍玩墨，其形状大多小巧玲珑，大不盈寸。不用于书画，只用于赏玩。墨虽用料不多，但均为上品之料。墨模雕刻也极为精细，具有高度的艺术性。观赏墨价钱不菲，要高于一般的墨。

礼品墨

礼品墨：一为寿礼墨，分装匣内，专为祝寿之用，大多涂金施彩，辉煌夺目；二为婚礼墨，象征多子多女，是婚嫁礼品。礼品墨多重外表形式，其烟料则稍逊于实用墨。

现代又出现了多种书画用墨汁，如中华墨汁、一得阁、曹素功等，可以代墨使用。

乾隆山水清音御墨

（三）墨的选用方法

墨的质量有优劣之分，好的墨要求质细、胶轻、质坚、色黑、声清、味香。

质细指质地细密，墨锭内无沙子杂质，烟质细腻，粗细适中，无白灰夹杂其间，入胶均匀，完全融合。

胶轻指骨胶不能太多。胶如果太重，稍一研墨即已很稠，书写时笔画却不黑，还会滞笔。好墨胶轻，磨不多时颜色已黑，而且书写流畅。

质坚指墨之质地坚硬，浸水不易溶化。如李延珪所制“李墨”就是如此。如果在制墨时所用的胶与烟比例适当，捣的次数也足以使之充分融合到不可分离的程度，质地自然坚硬。

色黑指墨色要黑，若泛紫光则更佳。墨黑是因为其中的烟，过多就会黑而无光；亮是因为其中的胶，过多则亮而不黑。制墨之难在于烟与胶的调配，即所谓“对胶法”。如果做到两者各半，自然会乌黑而有光泽。

好墨乌黑而有光泽

声清指磨墨时听不到声音，说明墨无杂质。声清还指敲击墨锭时发出的声音很清脆，说明胶轻。

味香指墨要微有香味。墨用有臭味的烟和容易腐烂的动物胶为主要原料，所以需要加点香料，如龙麝等，一来可以散发清香，二来可以防腐。但是含量也要适中，太多了会降低烟与胶的成分，太少又不能达到功效。

具备以上优点的好墨由于胶质不多，所以较脆，容易跌断，因此要注意保管。

（四）墨的使用方法

研墨时要用清水，如果水中有杂质，磨出来的墨就不纯。加水时开始不宜过多，以免将墨浸软，或墨汁四溅，以逐渐加入为宜。如果写大字时，因需要的墨量多，可分几次研磨，将磨好的墨汁倒入别的容器中，再在砚台里加些清水继续研磨。

磨墨时注意将墨锭捏正抓平，重按慢磨，不能图快，要按顺时针方向沿着圆砚边画圆圈。研磨范围要大些，不要在砚池的中心小范围地研磨。磨墨时手臂要悬起，与桌面平行，手执墨锭与执笔的姿势相同，要用腕和臂的运动来磨墨。如果将手臂搁在桌上，只用手腕和手指的转动来磨墨，墨锭会被磨出一个斜角。磨墨时用力过轻过重，太急太缓，墨汁都会粗而不匀。用力过轻，速度太缓，既浪费时间，墨也磨不到火候；用力过重，速度过急，墨则会粗而生沫，无色无光。正确的方法应该是轻重有节。

磨墨是练习写字基本功的一种很好的手段，用正确的方法磨墨等于练习画圆。久而久之，拿起笔来就能画出一个很圆而且粗细一致的圆圈来。这对写楷书，特别是写草书非常有利。墨若偏斜，既不雅观，磨出的墨也不会均匀。

墨要磨浓，但浓度要适中。太浓了，稠如泥浆，胶住了笔，难以写字；太稀了，墨水渗透太快，笔迹会在纸上洇出一大圈水渍，使笔画模糊不清。怎样才算适中呢？从研墨的痕迹中可以看得出来：如果墨锭磨过后，墨汁很快把研磨的痕迹淹没了，这说明墨汁

研墨也很讲究

批量制作的墨锭

还不够浓，可以继续研磨。磨墨很费时，可以边磨墨边看书或读帖，以免浪费时间。如果磨墨锭磨过的地方留下清楚的研磨痕迹，同时，墨汁慢慢地将磨痕淹没，说明浓度适中。如果磨墨过后的痕迹静止不动，说明太浓了，可以适当稀释。另一种检验浓度的方法是用笔尖蘸少许墨在宣纸或元书纸上点一下，看墨点渗出的情况，如果墨浓如漆、墨点略有渗出，证明已经磨好，可以写字了。

用墨必须新磨，要随磨随用。墨汁如果放置一日以上，胶与烟渐渐脱离，墨迹既缺乏光彩，又不能持久。因此用宿墨作书，是极容易褪色的。

墨磨好后要注意两点：一，墨锭不要留在砚池里，防止墨锭粘在砚面上取不下来；二，要把墨锭上的水分揩掉，免得浸水的部分酥松而掉下墨粒来。墨也不可曝晒在阳光之下，以免干燥，最好放在匣内，既可防湿，又避免阳光直射。

市面上出售的现成墨汁，有的胶重滞笔，有的浓度太低，落纸极易化开，防腐剂又多，易损笔锋。

墨汁有两种，一种是书画墨汁，一种是普通墨汁。其性能和用途略有不同。

使用墨汁写字时，要将墨汁倒在砚池里用

徽墨

书画墨汁有一得阁、中华墨汁、曹素功等品牌，浓淡适中，又不滞笔，利于挥洒，为书画家所乐用。使用这些墨汁的书画作品墨迹不会洇出，可以装裱。不过，墨汁都属宿墨。宿墨指隔夜磨的墨，墨胶凝滞，流动性不如新磨的墨好。为了弥补这一缺陷，可再兑一点儿清水，然后用墨锭稍加研磨。用书画墨汁虽然方便，但含有防腐剂石炭酸，对宣纸有腐蚀作用。用墨汁创作的书画作品时间一长，墨迹处的纸则容易风化。

普通墨汁价格比书画墨汁便宜得多，且书写流畅，缺点是不能装裱，一遇水就会洇

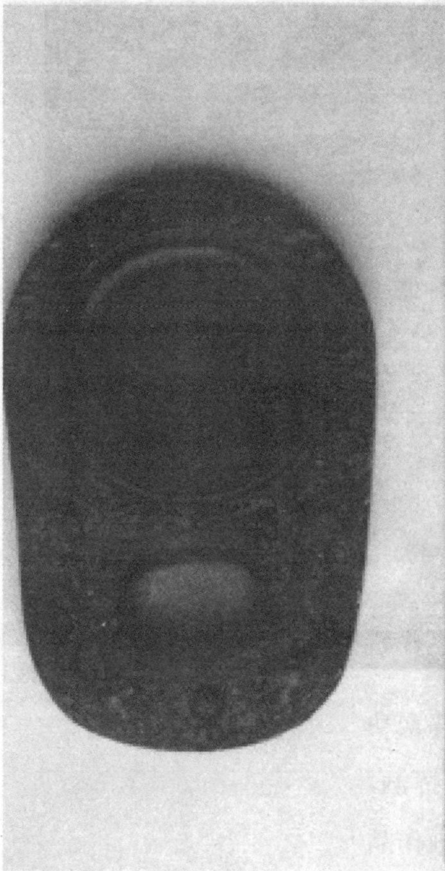
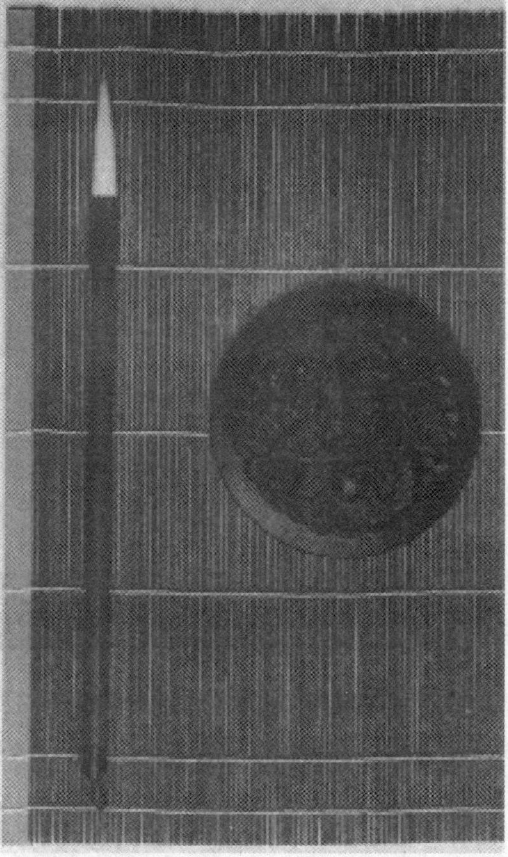

选墨不当，会对纸产生腐蚀作用

出墨汁来。但对初学毛笔字的人来说，却是物美价廉的。为了防止将笔中的水分带到墨汁瓶中造成墨汁变质，因此在使用墨汁写字时，要将墨汁倒在砚池里用，用多少倒多少，未用完的不可再倒入瓶中。有时用过的墨汁会发臭，是由于将笔伸进瓶中使用或在瓶中兑水而造成的。水中有微生物，特别是夏天，很容易损坏墨汁。

三、文房第三宝——纸

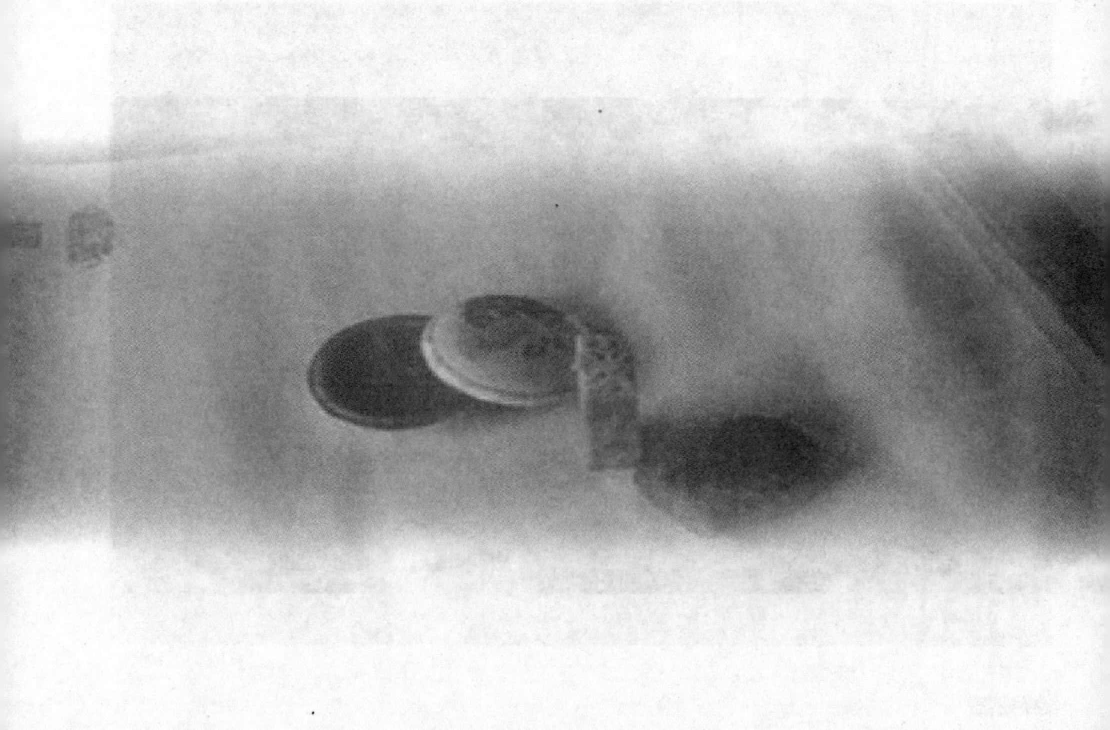

（一）纸的历史

纸是我国古代四大发明之一，它与指南针、火药、印刷术一起为世界作出了巨大的贡献。纸为我国古代文化的繁荣提供了物质基础，极大地促进了文化的传播与发展。

在上古时代，我们的祖先是靠结绳记事的，遇事打个结，事毕解去。以后渐渐发明了文字，人们开始用甲骨来作书写材料，因而出现了“甲骨文”。青铜出现后，人们又在青铜器上铸刻铭文，即“金文”或“钟鼎文”。后来，人们将字写在竹片上和木片上，称“竹简”和“木简”。较宽较厚的竹片和木片叫“牍”。

竹简

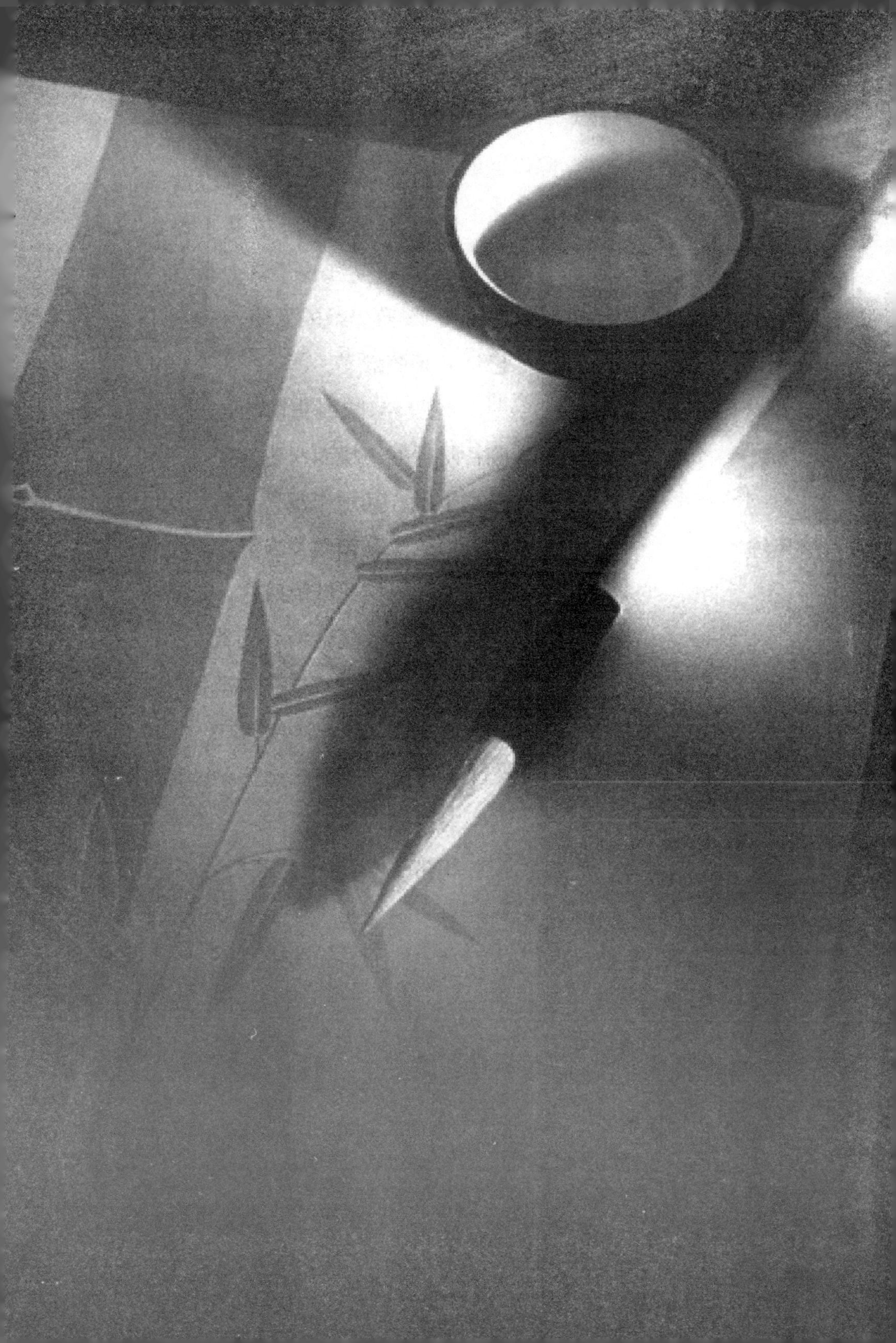

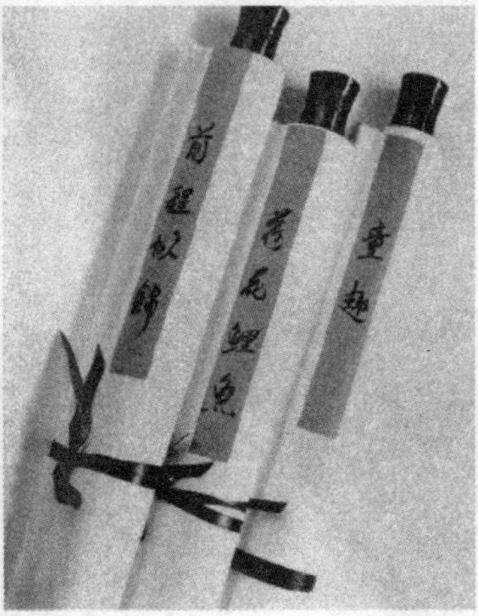

我国在西汉时期就已经开始制纸了

有人也将字写在丝织品——帛上。先秦以前，除以上记事材料外，还有刻于石头上的文字，如著名的“石鼓文”。由于帛太贵，竹子和木头太重，导致了纸的发明。我国西汉时期已经开始制纸了。

1957年，陕西省博物馆在西安东郊灞桥附近的一座西汉古墓中，发现了一批灞桥纸，其制作年代不晚于汉武帝时代。之后，又在新疆罗布淖尔和甘肃居延等地发掘出汉代纸的残片。这些纸的生产年代比东汉蔡伦所造的纸要早一百五十年至二百年。这些实物把我国造纸年代大大地推前了。

我国纸的发明虽然很早，但一开始并没有得到广泛的应用，官府文书仍使用牍和帛书写。蔡伦造纸后，才改变了这种局面。

蔡伦生于东汉明帝永平四年(公元61年)，死于东汉安帝建光元年（公元121年）。他是桂阳人，桂阳即今湖南耒阳。桂阳地处湘江支流耒水流域，是鱼米之乡。出身于普通农民家庭的蔡伦从小随父亲种田，聪明伶俐，很讨人喜欢。东汉章帝即位后，常命人到各地挑选幼童入宫。汉明帝永平十八年（公元75年），蔡伦被选入洛阳宫内担任太监。蔡伦办事认真，于东汉章帝建初元年（公元7年）

蔡伦像

升任小黄门。后来，又受到汉和帝的信任，被提升为中常侍，还兼任管理生产宫廷用品的官员——尚方令，监督工匠为皇室制造宝剑和其他各种器械。

蔡伦见人们写字很不方便，用竹简和木简写字太笨重，用帛写字又太贵。于是，他想改进造纸的方法。蔡伦刻苦钻研，总结了

古代造纸流程图

前人的造纸经验，带领工匠们用树皮、麻头、破布和破鱼网等原料来造纸。他先将树皮等原料捣碎后加入草木灰用火蒸煮，再将蒸煮过的原料放在向阳的山坡上日晒雨淋，不断翻动，让树皮自然变白。然后，将这些原料碾碎、浸泡、发酵，加入树糊调和成浆。最后，用抄纸器将捣好的纸浆抄成纸张。抄纸是制纸术语，也是制纸的一道工序：将纸浆加水稀释后，让它缓慢地流经沉砂槽，将砂粒、杂质沉析出去，再经过平板筛浆机筛去较粗的纤维。净化处理后的纸浆料流向抄纸机，经过成型、脱水、烘干等工序形成纸。将这些纸置于阳光下晒干，便成为成品纸。东汉和帝元兴元年（公元 105 年），蔡伦将造纸成功的捷报上奏朝廷，受到汉和帝的褒奖，他的造纸术也得到了推广。蔡伦继续受到重用，被封为龙亭侯，封地在今陕西洋县。由他监制的纸被称为“蔡侯纸”。

蔡伦改进造纸方法是人类文化史上的一件大事。从此，纸才有可能大量生产，为以后书籍的印刷创造了物质条件。蔡伦使用的造纸技术沿用至今，只不过在近代已经实现机械化。

在西方，纸未引进以前的大多数书籍是

用经过特殊加工的羊皮和小牛皮制成的。牛皮和羊皮造价昂贵，不可能大量出书。公元751年，有些中国造纸工人在战争中被阿拉伯人俘虏，造纸技术渐渐传遍了整个阿拉伯国家。12世纪，欧洲人从阿拉伯人那里学会了造纸技术，纸的使用渐渐广泛起来。蔡伦造纸比欧洲人造纸要早一千多年。

蔡伦去世后，人们不断把他的造纸方法加以改进。蔡伦死后大约八十年，又出了一位造纸能手，名叫左伯。左伯对以前的造纸方法作了改进，进一步提高了纸的质量。他造出来的纸厚薄均匀、质地细密、色泽鲜明，

出土的古代纸张残片

人称“左伯纸”。其中尤以五色花笺纸、高级书信纸为最佳。

唐代以前，人们主要用蔡伦的造纸术造纸。

魏晋南北朝时期，纸广为流传，普遍为人们所使用。这一时期，造纸技术进一步提高，造纸区域也由晋以前集中在河南洛阳一带而逐渐扩散到南方，产量与日俱增。造纸原料也更加多样化，纸的品种也多起来，如竹帘纸、藤纸、鱼卵纸、棉纸等。

为了延长纸的寿命，晋代发明了染纸新技术，从黄檗中熬取汁液，浸染纸张，有的

宣纸

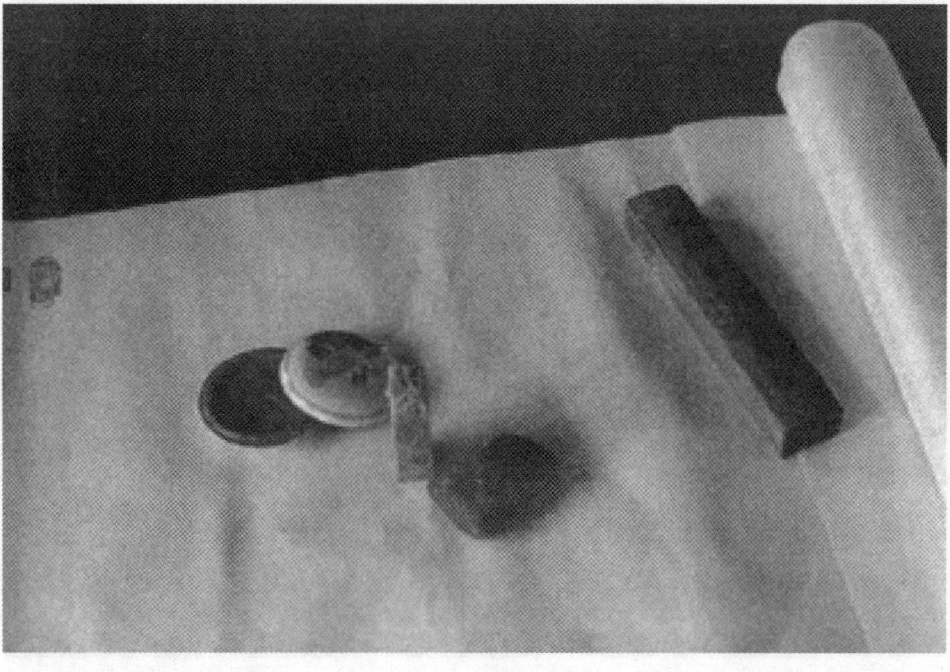

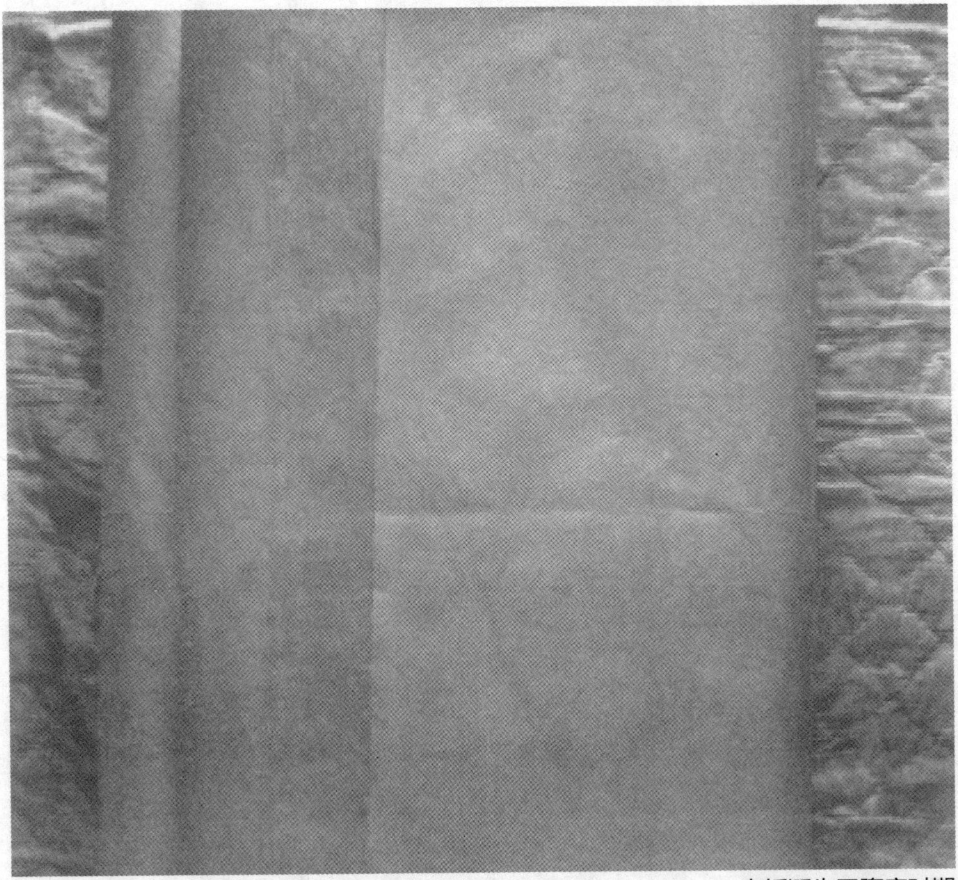

宣纸诞生于隋唐时期

先写后染，有的先染后写。这种纸叫染黄纸，因呈天然黄色，所以又叫黄麻纸，有灭虫防蛀的功能。

隋唐时期，著名的宣纸诞生了。传说蔡伦的徒弟孔丹流落到皖南，以造纸为业。他怀念师傅，一直想制造一种理想的白纸，好用来为师傅画像修谱，但多次试验均未成功。有一天，他在山里偶然看到有些檀树倒在山

宣纸质地绵韧，利于书写和绘画

涧边，因年深日久，被水浸得腐烂发白了。他灵机一动，立即用这种树皮造纸，终于获得了成功。他所造的这种纸即后来的“宣纸”。

到了唐代，宣纸十分盛行。唐代写经用的硬黄纸，五代和北宋时的澄心堂纸都属于宣纸。唐代在染黄纸的基础上，又在纸上均匀涂蜡，经过研光，使纸光艳莹润，人称硬黄纸。从此，宣纸一直是书写、绘画的珍品。明清以后，中国书画几乎全用宣纸了。

雕版印刷术发明后，大大刺激了造纸业的发展。造纸区域进一步扩大，名纸相继而出，有益州的黄白麻纸、杭州等地的藤纸、均州的大模纸、蒲州的薄白纸、宣州的宣纸、韶州的竹笺、临州的滑薄纸。

宣纸作画

唐代各地多以瑞香皮、栈香皮、楮皮、桑皮、藤皮、木芙蓉皮、青檀皮等韧皮纤维做造纸原料。这些原料造的纸柔韧而薄，纤维交错均匀。

还有一种硬白纸，其制法是把蜡涂在原纸的正反两面，再用卵石或弧形的石块碾压摩擦，使纸光亮、润滑、密实、纤维均匀细致，比硬黄纸稍厚，人称硬白纸。

此外，还出现了粉蜡纸、金花纸、银花纸、金银花纸、砑花纸、鱼子笺、薛涛笺、谢公十色笺、印花纸、松花纸、杂色流沙纸、彩霞金粉龙纹纸等。

五代时期，制纸业仍继续向前发展，歙州制造的澄心堂纸被公认为是最好的纸，滑如春水、细如蚕茧、韧胜蜀笺，长达五十尺为一幅，自首至尾匀薄如一。

宋代继承了唐和五代时期的造纸传统，出现了很多质地不同的纸张，轻软、薄韧。上等纸全产于江南，也称江东纸。

好的纸张是优秀画作的基础条件

南宋时期，出现了纸的再利用。人们以废纸为原料再造新纸，人称还魂纸，省料省时，大大提高了纸的生产效率。

元朝时，北方造纸业凋零，而江南还勉强保持着昔日的景象。

明、清以来，造纸原料及生产技术都有了很大的突破，出现了许多精品纸，可供人们观赏和珍藏。

明朝造纸业兴旺发达，主要名纸有宣纸、竹纸、宣德纸、松江谭笺。明代生产的宣德贡笺技艺精湛，有许多品种，如五色粉笺、金花五色笺、五色大帘纸、磁青纸等。明代还仿制了唐代薛涛笺和宋代金粟笺。这种仿制纸加云母粉，纸面露出光亮耀眼的颗粒。这是明代人的创新，苏州一带生产的洒金笺名重一时。

清代宣纸制造工艺进一步改进，成为家喻户晓的名纸。各地造纸大都就地取材，使用各种原料，制造的纸张名目繁多。在纸的加工技术方面，如施胶、加矾、染色、涂蜡、研光、洒金、印花等工艺都有进一步的发展和创新。各种笺纸再次盛行起来，达到精美绝伦的程度。

明清时期，我国造纸业在各方面都达到

了极高的水平，安徽的宣纸，江苏的粉蜡笺，福建、浙江、陕西的竹纸均为当时著名品种，还流传到国外，为人类文化的发展和交流作出了巨大贡献。

我国从晋代开始，朝廷从邻国接受贡纸。越南进贡的侧理纸，也称苔纸，是以海苔为原料，加上味甘、大温、无毒的侧理制成的。朝鲜进贡的高丽纸、鸡林纸为历代统治者所喜爱。到了清代，则有朝鲜的丽金笺、金龄笺、镜花笺、竹青纸；越南的苔笺；日本的雪纸、奉书纸；西方的金边纸、云母纸、漏花纸、各色笺纸、回回各色花纸等。

（二）纸的种类

我国纸文化源远流长，历代名纸众多。我国早期的纸，如絮纸、灞桥纸、居延纸、罗布淖尔纸、旱滩坡纸、蔡侯纸等等，有的见于著录，有的是现代考古的实物发现。由于历史久远和当时生产的数量有限，没有传到近世。这里介绍一些唐宋以后的名纸：

1. 宣纸：因产于宣州而得名。唐以前开始制造，以檀木树皮为原料。宋元以后，又用楮、桑、竹、麻等十多种原料制作。

宣纸质地绵韧、纹理美观、洁白细密、

宣纸

宣纸

搓折无损，利于书写和绘画。墨韵层次清晰，有渗透、润墨和吸附等性能，落墨着色能呈现明显的书画虚实相间的风格。用宣纸写字骨神兼备，用宣纸作画墨韵生动。宣纸耐老化、防虫蛀、耐热耐光，适合长期保存，有“千年美纸”“纸中之王”的美称。

宣纸根据加工不同可分为生宣、熟宣和半生不熟宣。

生宣纸又叫生纸，生产后直接使用，吸水性、润墨性强，用于泼墨画、写意画，笔触层次清晰，干湿浓淡变幻多端。

生宣纸经过矾水浸制的叫熟宣或矾宣，作书绘画不易走墨洇染，宜于画工笔画和写隶书、楷书，但时间一长会脱矾脆裂。唐朝写经的硬黄纸和五代北宋的澄心堂纸都是熟宣纸。

半生不熟宣即半熟宣，是用生宣浸以各种植物汁液制成，具有微弱的抗水力，用以写字或作画时，墨色洇散较缓，适于书写小幅屏条、册页或带字的绘画。

宣纸按所用皮料比重的不同分为棉料、净皮、特种净皮三大类；按尺寸有二尺、三尺、四尺、五尺、六尺、七尺、八尺、丈二、丈六、尺四、尺六、尺八等规格；按厚度分有单宣、

生者檜岐

夏文主覩

夹宣、二层、三层、四层等数种。

最薄的宣纸是特制的，主要用于拓片、拷贝、印刷古籍、装帧印谱。

宣纸品名有棉连、扎花、罗纹、龟背纹、蝉翼等。

薛涛画像

2. 薛涛笺：唐末五代名纸。是加工染色纸，因由薛涛创制而得名。薛涛是唐朝长安人，幼年随父亲宦居四川。父亲去世后，她沦落风尘，成为乐妓。她善于作诗填词，因嫌当时纸幅太大，所以亲自指导工人改制小幅纸。因用薛涛宅旁浣花溪水制成，所以又称浣花笺。相传薛涛曾把植物花瓣撒在纸面上加工制成彩笺。这种纸色彩斑斓、精致玲珑，又称松花笺，历代多有仿制。

3. 水纹纸：唐代名纸，又称花帘纸。这种纸迎光看时能显示线纹或图案，犹如现在通用的证券纸、货币纸的水印纹，增添了纸的潜在美。

4. 澄心堂纸：南唐徽州地区所产的宣纸。其纸薄如卵膜，坚洁如玉、细薄光润，有的五十尺为一幅，从头到尾匀薄如一。南唐后主李煜特别喜爱这种纸，特意用自己读书和批阅奏章的处所——澄心堂贮藏之，供宫中长期使用，因而称澄心堂纸，后世视为瑰宝。

5. 谢公笺：一种经过加工的染色纸。是宋初谢景初（公元 1019—1084 年）创制的，因而得名。谢景初受薛涛造笺的启发，在益州设计制造出十样蛮笺——有十种色彩的书信专用纸。这种纸色彩艳丽新颖、雅致有趣，有深红、粉红、杏红、明黄、深青、浅青、深绿、浅绿、铜绿、浅云十种颜色，与薛涛笺齐名。

6. 高丽纸：又名韩纸，是高丽贡纸。高丽纸以棉、茧造成，色白如绫、坚韧如帛，用以书写，人见人爱。

7. 金粟笺纸：宋代名纸。宋太祖赵匡胤提倡佛教，全国印经之风盛行。为适应这种需要，当时歙州专门生产一种具有浓淡斑纹的经纸，即硬黄纸，又名蜡黄经纸，或称金粟笺纸。金粟寺在浙江海盐金粟山下，因寺内抄经用纸极多，故纸以金粟笺命名。其纸质地硬密光亮、半透明、防蛀抗水。此纸颜色美丽，寿命很长，虽历千年犹如新制。

8. 白鹿纸：古代名纸。《至正直记》里说："世传白鹿纸乃龙虎山写篆之纸也。有碧、黄、白三品。白者莹泽光净可爱，且坚韧胜江西纸。赵松雪用以写字作画，阔幅而长者称白箓，后以白箓不雅，更名白鹿。"据此可知，赵孟頫曾用白鹿纸写字作画，因白箓纸名称不雅，

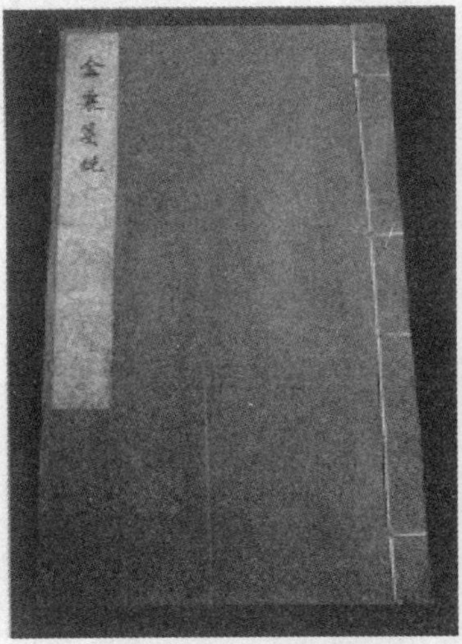

《金粟笺说》

更名白鹿纸。

9. 玉版纸：古代名纸。其纸莹润如玉，是洁白的精良笺纸。元代费著撰《蜀笺谱》里说：“今天下皆以木肤为纸，而蜀中乃尽用蔡伦法，笺纸有玉版，有贡余，有经屑，有表光。”《绍兴府志》：“玉版纸莹润如玉。”晚清、民国印金石、书画册等多用此纸。

下面介绍几种明清时期的书画和习字用纸：

1. 毛边纸：一种竹纸。明末江西出产竹纸，纸质细腻，托墨吸水性能好，适宜于写字，又可用于印刷古籍。因明代毛晋嗜书如命，

清乾隆时期冰纹梅花玉版笺

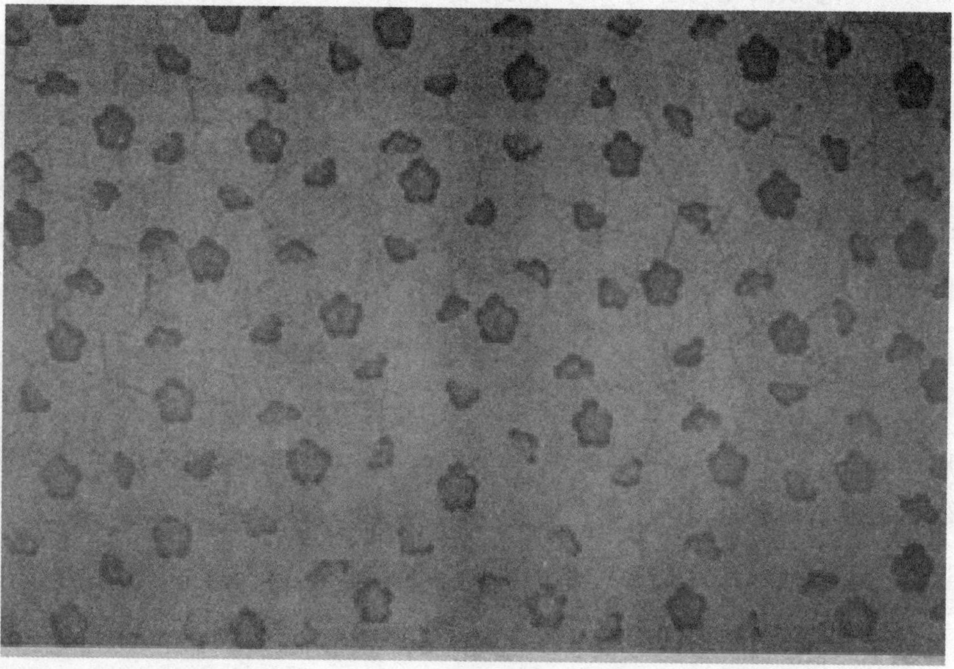

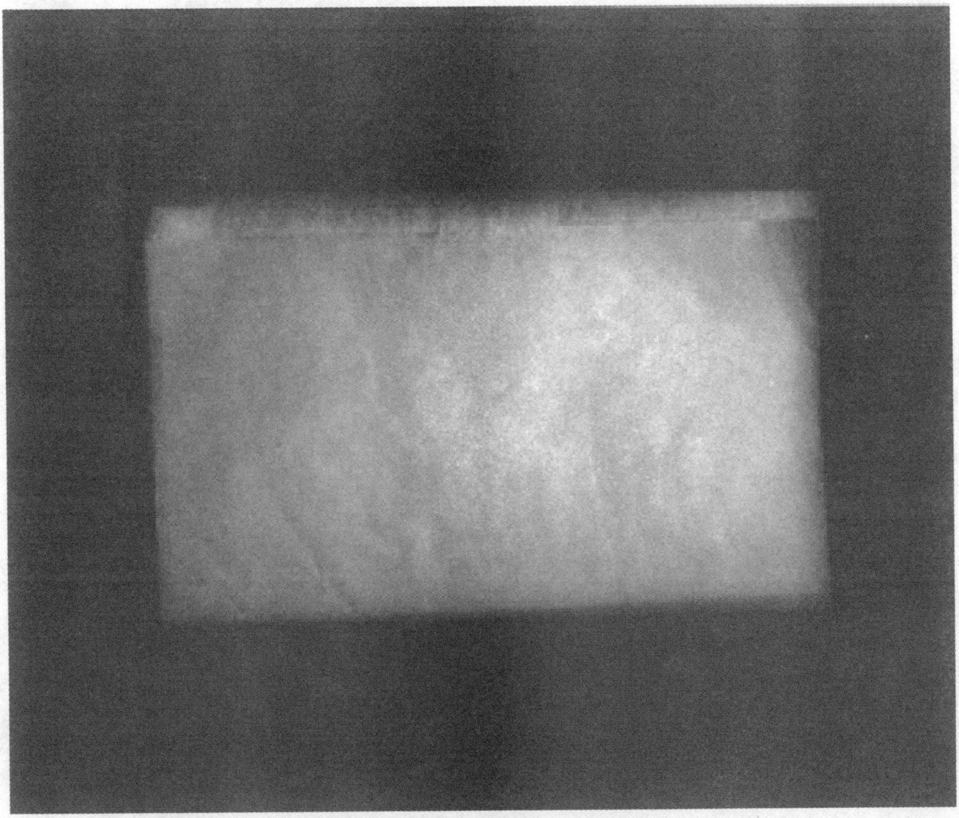

毛边纸

好用竹纸印刷书籍，曾到江西大量订购竹纸，并在纸边上盖上篆书毛字印章，于是人们称这种纸为毛边纸，并沿用至今。现在我国南方产竹的地方均有生产，以嫩竹做原料，用石灰沤烂发酵，捣碎成浆，再添加适当的黄色染料，不施胶，手工制造。毛边纸质地细而柔软，韧性好，略带蛋黄色，吸水性强，用于书写印刷，容易吸干墨水，字迹经久不变。

暗香浮動月黄昏

2. 元书纸：古称赤亭纸。是采用当年嫩毛竹做原料，靠手工制造而成的毛笔书写用纸。主要产于浙江省富阳县一带，历史悠久。北宋真宗时期（998—1022 年）已被选作御用文书纸。因皇帝元日祭祖时用以书写祭文，故改称元书纸。

元书纸洁白柔韧，微含竹子清香，落水易溶，着墨不渗，久藏不蛀，不变色。古代用于书画、公文、簿册等。中华人民共和国成立后，主要用作学生大小楷练习簿，可裱装画轴等。此外，还可做上等包装纸。有时也用作农村糊窗纸，或者加工成卫生纸。

3. 连史纸：又叫连四纸或连泗纸，较厚者又称海月纸。原产于福建省邵武、闽北地区以及江西省铅山县一带。采用嫩竹做原料，碱法蒸煮，漂白制浆，手工制成。纸质薄而均匀，洁白如羊脂玉，写字作画均宜，多用来制作高级手工印刷品，如碑帖、信笺、扇面等。用连史纸印刷的书籍清晰明目，久看眼不疲倦。可与宣纸相提并论，历来为国内外书画家所钟爱。元代以后，我国许多鸿篇巨著、名贵典籍多采用连史纸，如明代的《十七史》、商务印书馆出版的《四库全书珍本初集》等都是用此纸印制的。

连史纸

相传此纸是福建邵武连姓兄弟二人经过多年研制而成的，因他们排行老三、老四而得名。明、清两代大臣，如能得到皇上御赐的铅山正品连史纸，被认为是最风光的大事。文人墨客也将连史纸作为友好交往的赠品。直至20世纪80年代，铅山连史纸仍然是北京荣宝斋、上海朵云轩等单位指定的专用纸，并出口日本、韩国、东南亚等地。国务院批准，文化部确定第一批国家级非物质文化遗产名录时，铅山连史纸制作技术荣登其上。连史纸的广泛使用，对于继承和弘扬中华文明发挥了极大的作用。

（三）纸的选择方法

选择纸张的时候质地是最重要的，纸的质地要柔韧细密。质地不佳时容易损笔，又不易保存。古今名纸都以质地见称，如澄心堂纸细密如玺，玉版宣柔韧耐久。纸质坚韧紧密是最好的，选择时凭目测可知。

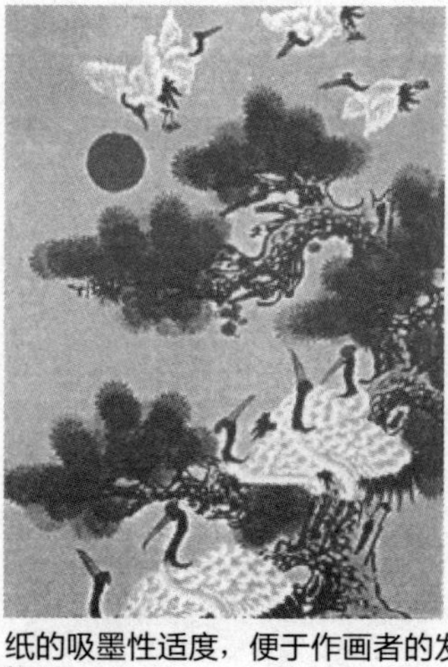
纸的吸墨性适度，便于作画者的发挥

纸的色彩要洁白。纸如果不白，说明原料不好或水质欠佳，都不是好纸。洁白的玉版宣用檀木做原料；蜀笺以浣花溪水造纸，因而纸好。若是染色的，也要精纯，才是佳纸。洁白与否一望可知。

纸的表面要光涩适中。纸的表面有光滑和粗涩之分。光滑虽易行笔，但过滑则笔会轻拂而过，写出来的字便会显得无笔力；若粗涩则与之相反，难于施笔，易损笔锋。

纸的吸墨性要适度。纸要能入墨，否则墨浮于纸表，易于脱落，不能久存。宣纸吸墨性较强，笺纸则相反。如果吸墨性太强，运笔稍慢时点画便会变成墨团。但若吸墨性太弱，墨不易入纸，也是写不出好字的。选纸时要考虑到书体及个人运笔速度，以墨汁能入纸但不成团为佳。选购时可征得商家允许，用墨去试，一试便知。

品质好的纸是产生优秀作品的重要条件

临字时要根据碑帖选纸。临摹碑帖时，若要求形似神肖，不仅要注意笔的选择，纸的选择也要注意。选纸前要先辨明吸墨性，根据所临真迹的入纸程度而定，如果入纸多则选用强吸墨纸，反之则选用较弱者。若无法判断入墨实况，如石板所印者，可以根据其书风辨明。凡锋芒显露、神采奕奕者，宜选用笺纸；凡温润含蓄、锋芒内敛者，可选用宣纸。

要根据个性选纸。个人的喜好也要考虑，否则买回不爱用的纸，会丢弃在角落里。运笔急者宜选强吸墨纸，其墨才能入纸；行笔

玉版纸

迟缓者可选弱吸墨纸，不然墨团会屡屡出现。

（四）纸的使用方法

书写时必须将纸平放，才易于书写。若纸皱而不平，便不易于书写。但在写古篆、古隶时，可以故意将纸揉皱，以求古意斑驳之效。纸上如有污秽之处，会影响观瞻，影响运笔与墨色。灰尘更会影响运笔，若与墨汁相混，墨既不能坚实固定，还会缺乏光彩。写字最重法度，尤重间架与章法，布置章法有纵行横列之分，间架有九宫、田字、米字诸式。

九宫格是我国书法史上临帖时用的一种界格，又叫“九方格”，即在纸上画出若干大方框，再于每个方框内分出九个小方格，以便对照法帖范字的笔画部位进行练字。

九宫格相传为唐代书法家欧阳询所创制。为方便习字者练字，欧阳询根据汉字字形的特点，创制了“九宫格”的界格形式，中间一小格称“中宫”，上面三格称“上三宫”，下面三格称“下三宫”，左右两格分别称“左宫”

选纸还要根据个人的运笔急缓而定

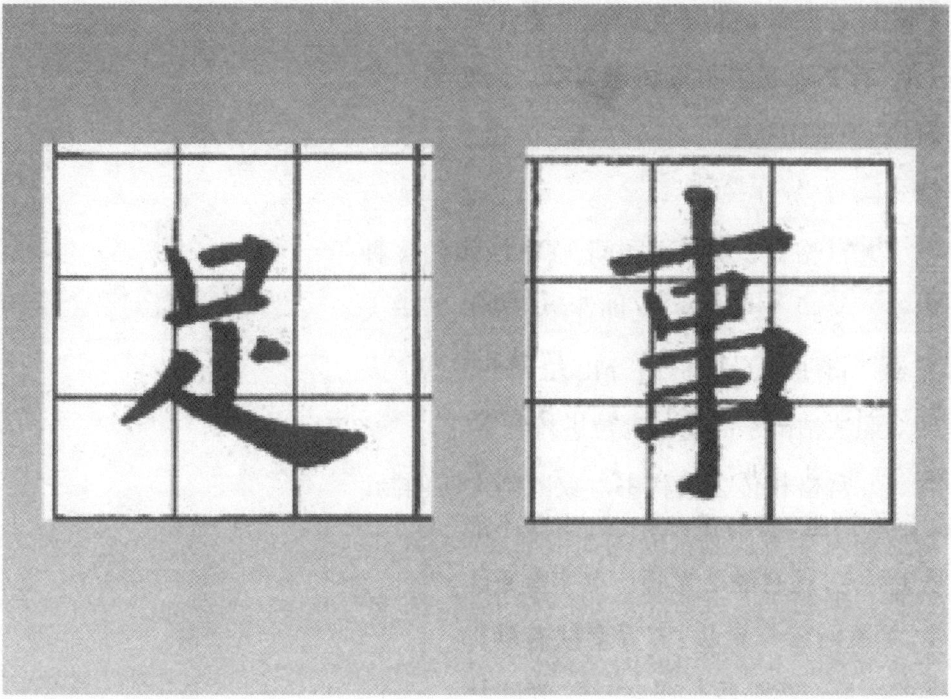

九宫格书法

和“右宫”，可以帮助人们在练字时对照碑帖的字形和点画找到下笔的适当位置，或用于字体的缩小与放大。

分格要随书体而定，法度最严的楷书和篆、隶，纵横均需整齐，行列都要划分。行、草唯有直行，不宜加横列，以免束手束脚。分格时明线宜细，以免妨碍观赏；暗线用笔宜轻，不必涂抹，以免损毁纸张。不可折纸为格，折纸易起褶皱，妨碍运笔。

书写时纸要固定，若纸随笔动，字便不能写好。方法是可以用左手按纸，也可以用镇尺压在适当的位置上使纸固定。饱蘸浓墨写字时，顿挫重按处力透纸背，墨会渗到纸外，不但会沾污桌面，也会破坏纸面。因此，要用吸水纸或布垫在纸下，可将渗出的墨吸干净，保持纸面整洁。

写好字后，墨汁未干时不要收纸，以免写好的字前功尽弃。也不要用卫生纸吸干，这样会使墨脱落，会使墨色受损。收拾时，不要任意折叠，以免损坏纸。纸受潮后容易腐烂，过度干燥又会破裂，若想使写好的作品长久保存，一定要保存在干燥阴凉的地方。同时，也要注意避免虫蛀。

中国书画用纸吸水性要强，还要防潮、防霉

（五）纸的保护

纸要防潮和防霉。中国书画用纸吸水性强，水墨韵味好，但一旦受潮就会出现水渍和霉点。尤其是霉点，经过洗裱都不能去掉痕迹，极影响书画的质量。同时，纸受潮后还会粘连，几张纸粘在一起揭不下来，损失严重。为了防止纸的受潮和霉变，要将纸叠好，在外面用包皮纸包裹妥贴，然后放在干燥、凉爽、透气的地方。

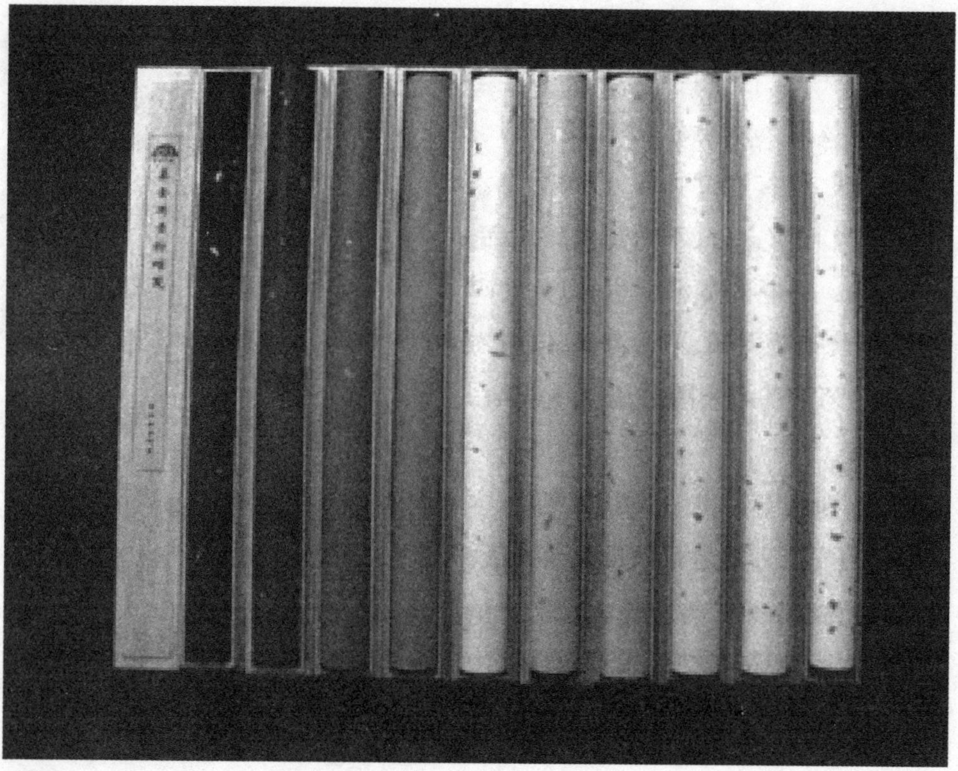

粉蜡笺

纸要严禁折叠。熟纸和粉笺、蜡笺因经过加工，性质起了变化，又脆又容易断裂。尤其是粉笺和蜡笺，一旦折叠便产生一条白色的裂痕，再也无法弥补。因此对于这些纸在保存和携带时，只能卷成桶状或平放，千万不可折叠。

纸要防晒。太阳光中有紫外线和红外线，长期照射在纸上会使纸发脆变黄，纸的质量和寿命都会发生变化。因此纸的防晒与防潮、防霉一样重要。

纸要防蠹。有一种昆虫叫蠹，又叫蠹鱼，喜欢啮食纸张中的浆糊和胶质物，时间长了书籍就会被蛀空。为了对付蠹鱼，可以用黄檗溶液染纸。黄檗是中药，能清热、祛湿、泻火、解毒，还能杀虫。东晋王羲之、王献之等著名书法家常用黄纸写字，敦煌石窟保存的历时千余年的经卷纸经久不坏，不被虫蛀，就是因为用黄檗溶液染过。也可以用椒水浸纸，晒干后再用。椒水可以杀虫，使纸不被蠹虫蛀食。椒即花椒，也就是蜀椒，性热味辛，可供药用，能止痛，能杀虫。还可以放置具有强烈气味的物质驱赶蠹鱼，如放

长期暴露在阳光下，纸的颜色和寿命都会发生变化

黄檗溶液染纸可以防蠹

些麝香、木瓜或芸草包。万年红纸也称橘红纸，纸上的橘红色涂料含有铅的氧化物，它的主要成分是四氧化三铅，有毒，能使蠹鱼中毒而死。将橘红色涂料刷在纸上，阴干后也能防蠹。另外，用报纸包裹的纸和书籍也可防蛀，因为油墨有一定的防蛀作用。

四、文房第四宝——砚

（一）砚的历史

砚的历史非常悠久。考古学家曾在陕西省临潼县姜寨一处原始公社的遗址中发现了一套原始人用于陶器彩绘的工具，其中有一方石砚。这方石砚有盖子，砚面微凹，凹处有一根石质磨杵，砚旁有几块黑色颜料。这是我们祖先借助磨杵研磨颜料的最早的砚。直到两汉时期，由于发明了人工制墨，墨可以直接在砚上研磨，就不再借助磨杵来研磨天然或半天然的墨了。

刚开始时，我们的祖先以笔直接蘸石墨写字，后来因为不方便，无法写大字，便想到可以先在硬物上将石墨研磨成汁。硬物如

砚的历史非常悠久

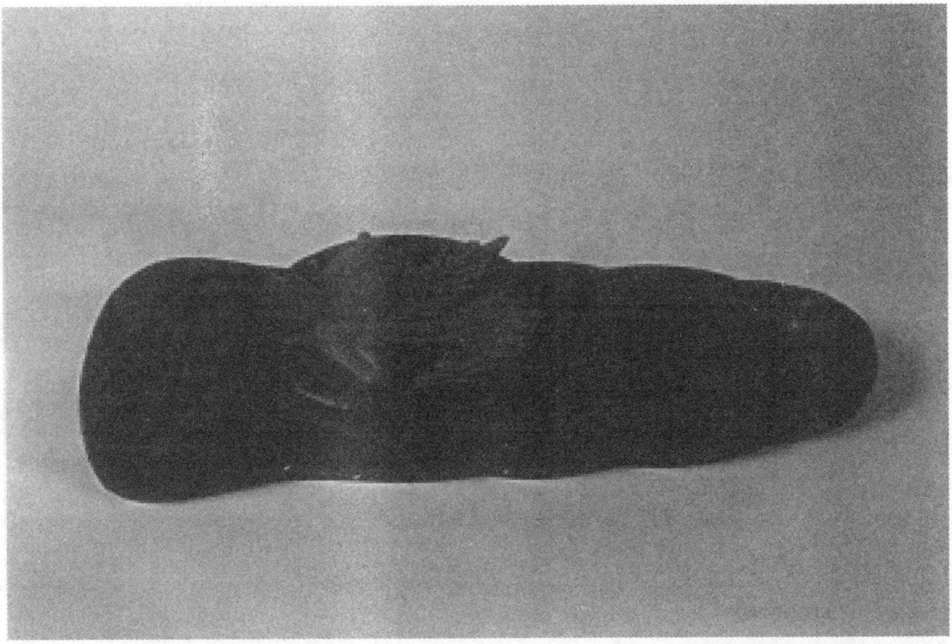
古时以使用石砚最为普遍

石、玉、砖、陶、铜、铁等均可制砚。古时以石砚最为普遍，经过几千年的考验，直到现在仍以石砚为最佳。

从唐代起，广东端溪的端砚、安徽歙县的歙砚、甘肃南部的洮河砚和河南洛阳的澄泥砚登上文化舞台，被称为中国“四大名砚”，其中尤以端砚和歙砚为最佳。

我国还有许多地方生产石砚，如山东的紫金石砚和龟石砚、临沂的薛南山石砚和徐公石砚、曲阜的尼山石砚、大汶口一带的燕子石砚、即墨的田横石砚和温石砚、蓬莱的砣矶石砚、河南济源的天坛砚、安徽宿县的

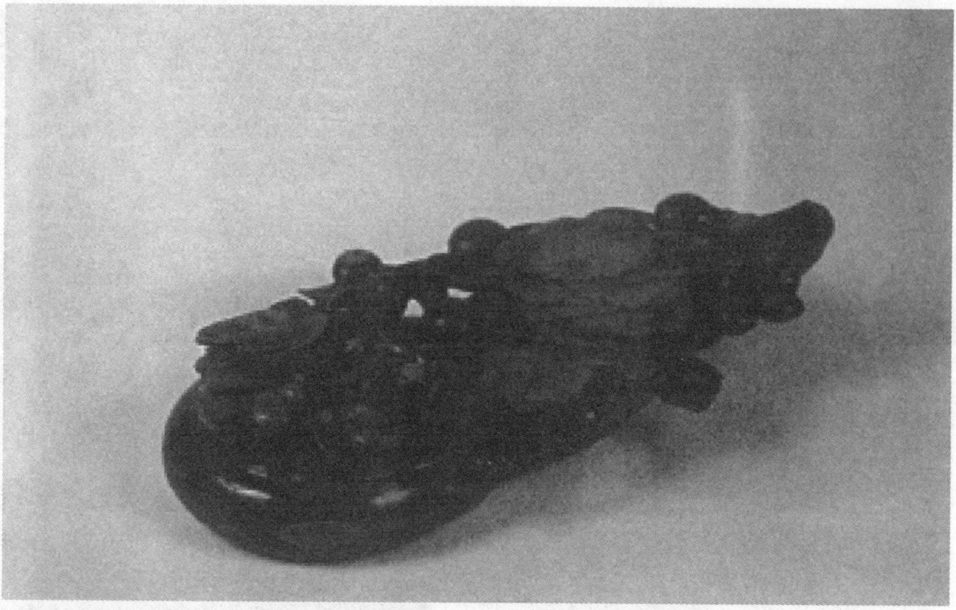

近年来名家高手雕砚的技艺越来越精湛

乐石砚、江西修水的赭砚、浙江江山的西砚、湖南湘西的水冲砚、吉林松花江下游的松花石砚、四川合川的嘉岭峡石砚、甘肃嘉峪关的嘉峪石砚、宁夏和青海的贺兰石砚等等。

端砚产于广东肇庆东郊的端溪，其材料取于广东肇庆高要县东南端溪之斧柯山，自唐朝初年开始生产，至今已有一千三百多年的历史了。不过，当年的端砚纯粹是文人墨客书写的实用工具，砚石面上没有任何图案或花纹装饰，显得粗陋简朴，所谓“天下无贵贱通用之”。后来，端砚渐渐受到文人学士的青睐，加上纹理绮丽，发墨性能绝佳，地位越来越高，以致上升到我国名石砚之首位。

歙砚产于江西婺源龙尾山，婺源古属歙州，故名。其石坚润，滑不拒墨。自唐以来，一直保持其名砚地位。歙砚是中国四大名砚之一，在砚史上与端砚齐名，已有一千多年的历史。歙砚雕刻经过历代雕砚名家的辛勤耕耘已经取得了很大发展，尤其是近几十年来涌现出许多名家高手，并形成了多种流派。设计和雕刻技法继承了传统工艺之精华，又弃其俗气和匠气，使歙砚更具收藏价值。在对外交往中，歙砚曾多次被选作国礼，赠送给国际友人。

洮河砚产于甘肃南部藏族自治州临潭县，临潭县古称洮州，故名洮河砚。洮河砚由洮

雕刻精美的砚具有收藏价值

歙砚多次被选作国礼赠送给国际友人

石雕制而成。洮石学名辉绿岩，属水成岩的一种。其质坚而细，莹润如玉，扣之无声，呵之出水珠。用以制砚，贮水不耗，历寒不冰，涩不留笔，滑不拒墨，具有发墨快、研墨细、不损毫、挥洒自如、浓淡相宜、得心应手等特点。洮河砚色泽雅丽，主要以绿色为主。洮河砚贮墨不变质，十多天不干涸。因其保温利笔，在北方尤为贵重。洮河砚宋时已经稀少，1949 年以后又恢复了生产。

澄泥砚最早产于山西绛州，是用沙泥烧炼制成的砚，易发墨，且不耗笔，可与石砚媲美。唐时，虢州（今河南灵宝市）已成为

晋代铜砚

澄泥砚的著名产地。现代，澄泥砚的产地遍于河南洛阳、河北巨鹿、山东青州、山东泗水、山西新绛、湖北鄂州、四川通州和江苏宝山等地。

绛州澄泥砚始创于唐代（618—907年），历史悠久，当时曾被列为贡砚。清代（1644—1911年）时其制作工艺已经失传。随着澄泥砚制作方法的失传，绛州澄泥砚的生产出现了近三百年的断档。直至20世纪80年代末，我国版画艺术家蔺永茂和他的儿子蔺涛历经千辛万苦，终于使澄泥砚又恢复了生产。

除石砚以外，我国还生产过一些用其他材料制作的砚。汉代有瓦砚、陶砚、玉砚、铁砚

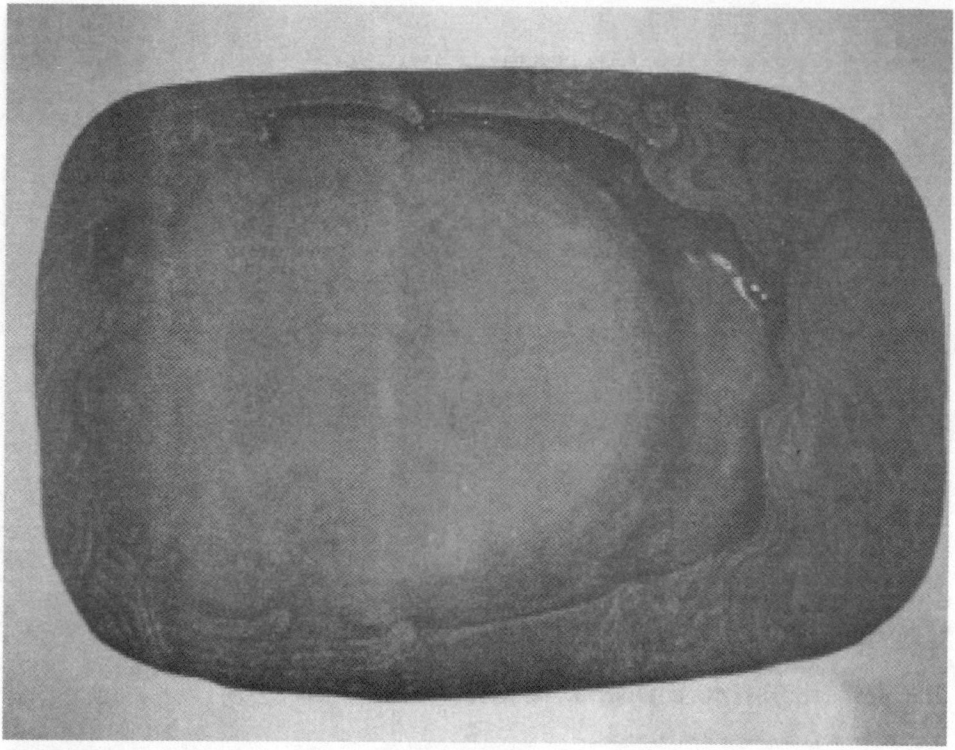

澄泥砚是中国四大名砚之一

和漆砚；晋代有木砚、瓷砚和铜砚；唐代有泥砚；宋代有水晶砚、石泥砚、砖砚和天然砚；明代有化石砚；清代有纸砚，而现代又出现了橡皮砚。

（二）砚的种类

澄泥砚：澄泥砚与端砚、歙砚、洮河砚并称为我国四大名砚。澄泥砚属陶类，它的前身是古代的陶砚。陶砚经精工制作，逐步升华为澄泥砚。澄泥砚的形成约在晋唐之间，略早于端砚和歙砚。开始时，澄泥砚曾获“砚中第一”的美誉。澄泥砚细腻坚实，形色俱丽，发墨而不损毫，滋润胜水，可与石质佳砚比肩。澄泥之最上者为鳝鱼黄，其次是绿砂，又次为玫瑰紫。澄泥砚之所以呈现不同的颜色，是因为烧制时温度不同所致。

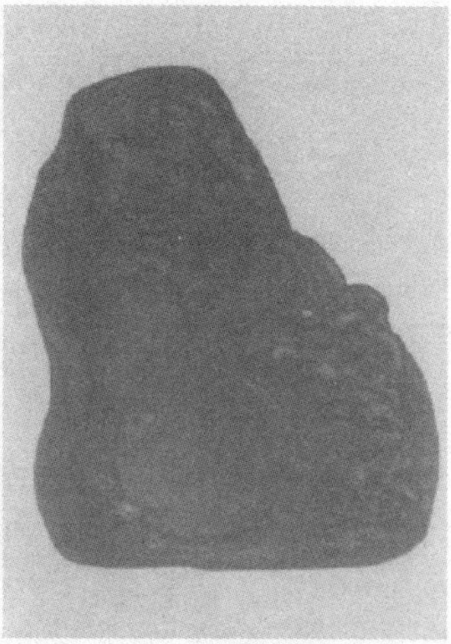
端砚为砚之上品

关于澄泥砚的制作方法，《文房四谱》上说得极清楚：首先挖取河床下的沙泥，淘洗后用绢袋盛起来，于袋口处用绳系紧，再抛入河中，令其继续受水冲洗。两三年后，绢袋中的泥沙越来越细，然后入窑烧成砚砖，再雕凿成砚。

端砚：端砚为砚之上品，广东高要城斧柯山下距江滨三四里处，逐渐升高分下岩、中岩、上岩、龙岩、蚌坑等采石场。下岩在山底，终年浸水。因砚石以润为贵，所以下岩之砚质量最佳。因浸在水中，开采不易。

端砚有“石眼”，如鹦哥眼、瞭哥眼等，有以眼来定品质优劣的，最上为活眼；其次是泪眼、死眼等，名贵而罕见。石眼是天然生在砚石上像眼睛一样的石核。端砚的石眼质地高洁、细润、晶莹有光，故长石眼的端砚十分珍贵，售价极高。石眼对砚能起装饰、

老端砚

美化、观赏的作用，因此历来被文人墨客视为珍宝，并以此作为鉴别端石品质高低的标准。

端砚的颜色也被视为和品质有关，有紫、青、白等颜色，而以白色为最佳，紫色为最下。

端砚的优点一是下墨；二是发墨；三是

不损毫。

歙砚：唐开元（713—741年）年间，歙州猎人叶氏追逐野兽，见有石头晶莹可爱，便带了几块回家，磨制成砚。数世之后，他的后人将砚赠给知州。知州十分喜爱这块石砚，找人再去开采，于是传扬开来，歙砚从此便产生了。南唐元宗时，歙州太守向他进献歙砚，元宗大喜，立即提拔了他。南唐元宗即李后主的父亲，名李璟，多才多艺，工诗词，性喜翰墨。歙砚因南唐元宗的赏识而名扬天下，名声甚至超过了端砚。歙砚的正

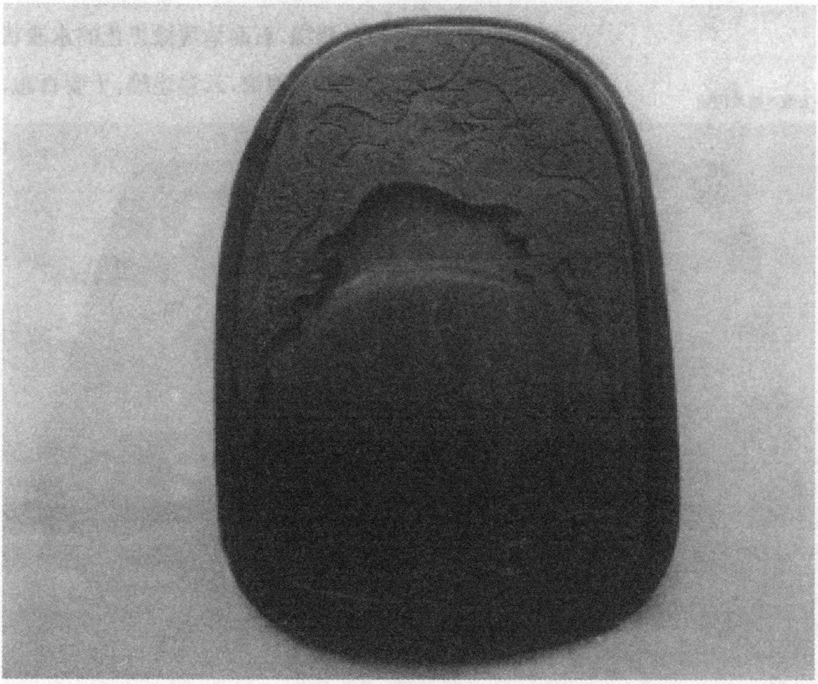

歙砚

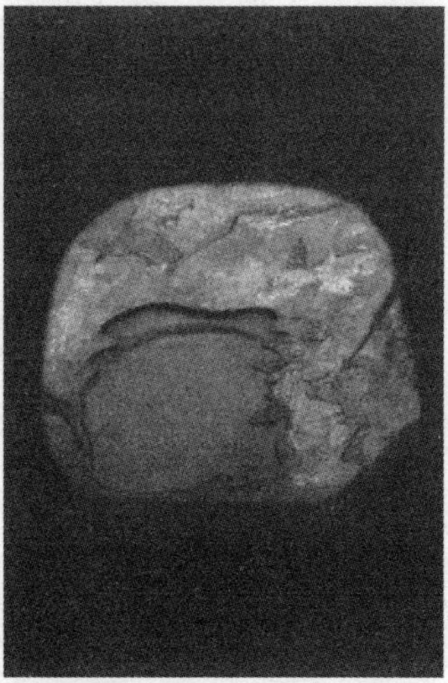

制作精良的歙砚

式开采始于南唐。因也浸在水中，质地极其润泽。歙砚有石纹，如端砚之有石眼，质地细腻，温润如玉，利于研磨，足以和端溪下岩之石砚媲美。

洮河砚：洮河石砚长年被水浸蚀，因而石质细腻，肤理缜密，发墨而不损毫，磨面不光，呵气即湿。洮河石砚因其质地细润晶莹，色泽碧绿，石面呈现微黑色的水波状花纹，如波翻浪滚，云卷连绵，千姿百态，清丽动人，成为我国四大名砚之一。

洮石因色绿如翡翠，称“临洮大河绿漪石”，也称“鸭头绿”。除绿漪石外，还有玫瑰红色的“鳆面”、深绿色的“鹦鹉绿”、墨

云龙海水纹洮河砚

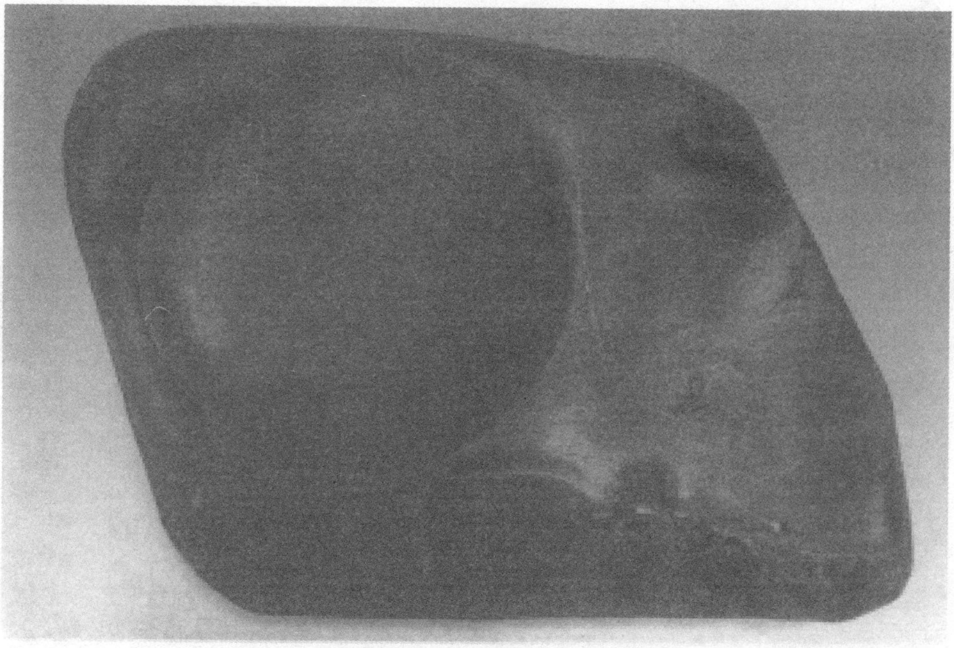

正宗老坑洮河砚

绿色的“玄璞”和淡绿色的“柳叶青”等。南宋书画鉴赏家赵希鹄在《洞天清录》里说：“除端、歙二石之外，唯洮河绿石，北方最贵重。绿如蓝，润如玉，发墨不减端溪，然石在临洮大河深水之底，非人力所致，得之为无价之宝。”可见洮河砚在当时的珍贵。

（三）砚的选择方法

选砚就以石砚为主。能制砚的材料很多，如铜、玉、砖、瓦、陶、石等，但切合实用的当推石砚，其他各种砚都不太合用。

选砚要选润泽有光的。砚石最贵润泽，端、

龙眠山庄铭端石砚

歙俱以此著称，若不润泽则墨中水分易被吸收，导致浓度太高，滞笔难运，无法写出好字。端石和歙石因长年浸于溪中，所以润泽有光。

选砚要选纹肌理细腻的。砚石纹理细腻，则表面平滑，易于磨墨，磨出来的墨匀细。这种砚不但发墨，而且还不会损坏笔锋，端砚和歙砚都具备这些优点。反之，磨墨时会发出声音，墨也磨不匀，还会损坏笔锋。

选砚时要扣击一下，凡声高者说明砚石过坚，品质较劣；凡低而有韵者，说明砚石温润，无刚硬之性，能发墨久而不乏。

（四）砚的使用方法

砚的使用要领在于磨墨。磨墨时要注意保护砚池和砚堂，新置的墨锭有胶性和棱角，不可直接拿来就磨，会损伤砚面。在使用新墨时，应在砚池施水，轻轻地旋转墨锭，待墨经浸泡稍软后再逐渐加力研磨。

砚池是贮墨汁的凹下部分，又名砚海、砚泓、砚沼、或墨窝。砚堂是磨墨的部分，又名砚冈、墨道。

砚的使用要领在于研墨

佳砚不可用劣墨

佳砚不可用劣墨，如松烟墨杂质较多，质地不纯，用时容易划伤砚面。用油烟墨研磨完毕后，应将墨锭放到别的地方，不能放在砚面上，否则墨干后粘在砚面上，拔墨时容易造成砚面损伤。新墨胶重，用时尤其应该注意。

砚用久了会不发墨，这叫“失锋”。原因

有两条：一是砚面磨掉了锋芒，变钝而不发墨；二是使用含胶过重的墨，又不洗涤，使砚面胶结而失去锋芒。遇到这种情况时，应该重新“发砚锋”。具体方法有二：一是先将瓦片用松炭磨一遍，然后用磨光的瓦片轻擦砚堂，也就是磨墨部分；二是用姜汤浸泡砚堂，或用莲子壳擦拭砚堂，也可以用零号砂纸或细软砂石在清水中擦拭砚堂。这些就是“发砚锋”。注意的是只能磨洗砚堂，而决不可磨洗砚的其他部位，否则会磨损砚的皮壳包浆，甚至损伤雕刻的细部。

所谓“发墨”，指磨墨时不打滑，磨罢停

做工精美的瓦陶砚

一会儿，墨汁就会发光，如油似漆，明亮照人。这并非墨的作用，是砚令它这样的。如果砚面光滑，也就是“失锋”了，便无法有效地切割墨体了。

（五）砚的养护

砚像人一样，需要滋润，也需要饮水。平日不用时，每日都要在砚池中换置清水，这叫“养砚”。具体方法是：砚池应每日换清水，不可令其干燥。但砚堂，也就是磨墨处不能有水，以防久浸后不能发墨。

天津易水砚台雕刻极尽奢华

巨大的天津易水精品砚台

使用砚台时，不要偷懒，不能直接用养砚的水磨墨，也不能用茶水、糖水磨墨。这些水和墨相混后会使墨色大减，也不能发墨。热水能伤润损墨，也不可使用。

古人说：“宁可三日不洗面，不可一日不洗砚。”砚台用过后，必须将余墨涤净，不可使之凝结在砚台上。否则，残墨干燥后会形成渣块，既妨碍研磨，又损伤笔毫，还会损坏砚面。这些渣块若与新墨相混，就不能下墨或发墨了。洗砚台的时候可以用丝瓜瓤等物帮忙，但不可以用坚硬之物用力擦拭，以免伤害砚面。洗砚要十分的小心，盛水的器具宜用木盆。若在水泥盆或瓷盆里洗，容易碰伤砚台。洗砚应用清水，也可用中药半夏擦去砚面滞墨，或者用丝瓜瓤、莲子壳慢慢洗涤。采用这些洗涤方法既能涤去墨垢，又不伤砚。洗砚的水要干净，不可含酸碱性。水温要适宜，不能用热水、滚水、茶叶水洗砚。砚台要阴干，不要用纸类擦拭，以免残屑留在砚台上，既伤砚，又会与墨相混。

（六）砚的收藏

一要避光。砚应避阳光直射，否则砚质会出现干燥的迹象，日晒过久砚匣也容易干

造型别致的易水精品砚

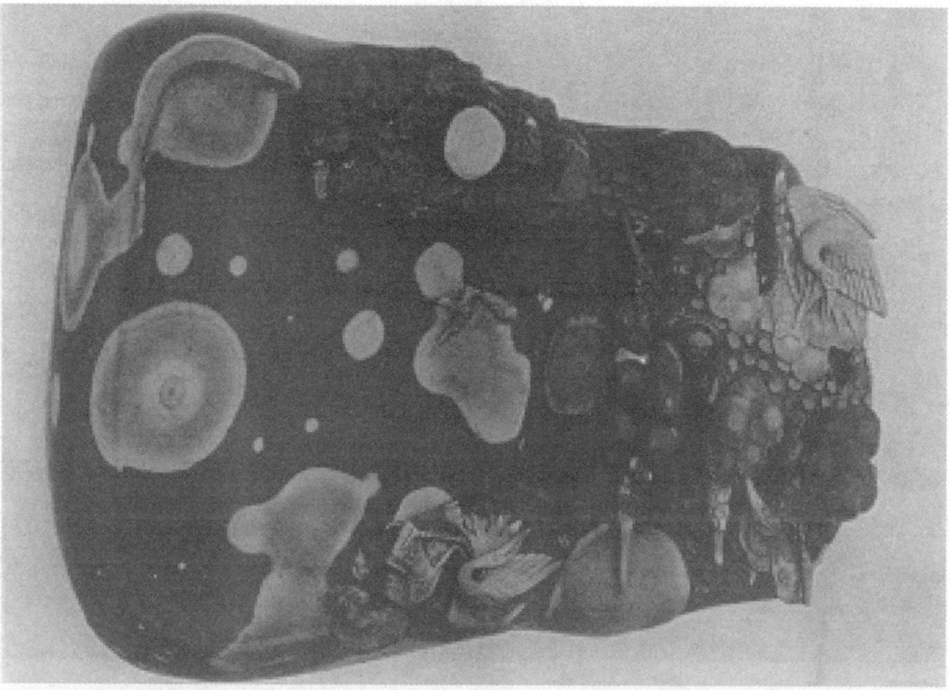

砚应避免阳光直射，否则会干裂

裂。二要远离硬物。玩赏佳砚时，桌上要铺毛毡或细软之物，不可使砚台接触金属及玻璃等器物;更不可将砚台重叠放置，以免碰伤。三忌涂蜡。不少制砚人将蜡涂遍砚身，有的还涂植物油，更有涂墨的，认为这样做可以养砚，给人一种滋润古朴的感觉。这些做法十分不妥，涂蜡后的砚台水墨不融，会不发墨。砚上抹植物油的做法也是不妥的，因为植物油属于慢干性油脂，多招尘土，使砚污秽不堪，会散发出一种怪味，还能产生霉变，在砚的表面出现一块块的霉斑。

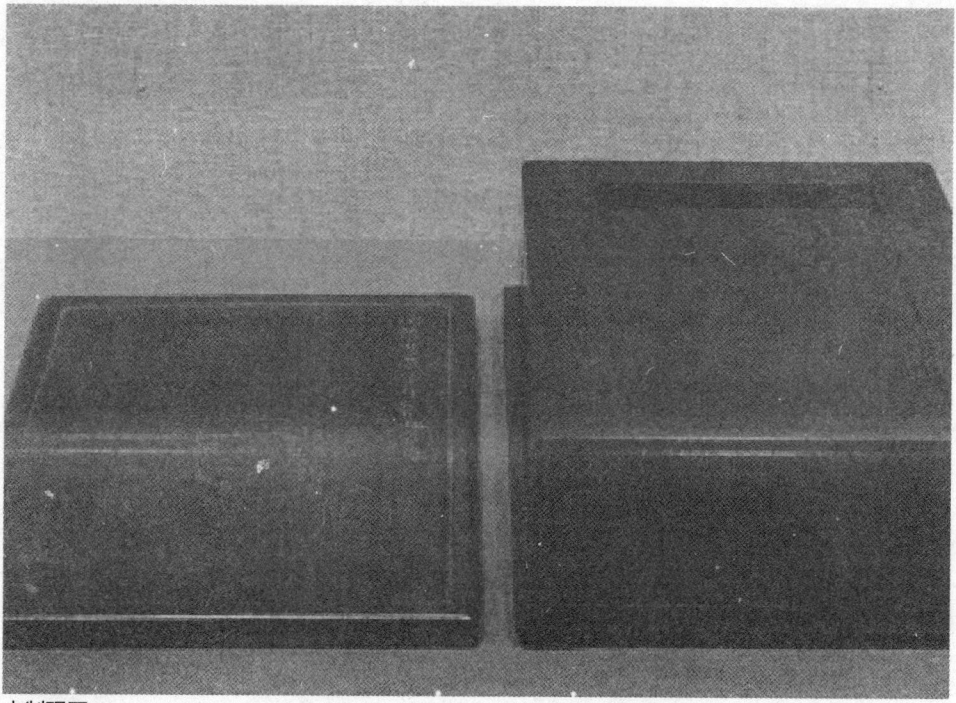
木制砚匣

（七）砚的配匣

砚的配匣能对砚起保护作用，和砚成为一个不可分割的整体。砚匣的材质必须硬度适宜，耐潮湿，才能起到对砚的长期保护作用。砚匣材料种类繁多，主要分为木匣、金属匣、石匣、纸匣、锦匣等。

木匣：木制砚匣的用材有紫檀、红木、花梨木、金丝楠木、豆瓣楠木等。制作方法分整块木头剜制而成和多块木头拼镶而成两种。整料剜出的用料浪费，木料还容易翘裂变形；拼镶的做工精巧细腻，但容易脱胶散架。

异形砚如瓜形砚和蝉形砚等，其配匣以整料剜制的为多，而四方、长方形的砚匣普遍采用拼镶方法。

金属匣：以金属制匣，如东汉的铜兽形砚匣，明和清初也偶有以铅锡合金制成的砚匣，其目的是保持砚匣内的水汽，以此养砚，同时还可留住墨的香味。但金属硬度高，以金属为匣必然伤砚，而且用砚研墨一定用水，水容易使金属氧化生锈。

石匣：石匣分为两种形式，一是匣和砚合为一体，只是多了一只石制的砚盖。此类砚匣石质外露，极易碰伤和受到气候干湿的影响；二是匣和砚石质不同，砚套于石匣之中，

润泽有光的石砚佳品

选砚要求纹理细腻

但石匣吸水性较强，其细腻的程度与漆木不能相比，也不是制砚匣的良材。

纸匣、锦匣：只能起到装饰的作用，往往做成匣外的套匣。

制作砚匣最理想的材料当为漆和木材。用优质的木材制成砚匣，其内壁涂上漆，可以防止匣内水汽涨裂砚匣。

五、文房四宝的搭配

文房四宝各具特色，我们要根据它们的特性，进一步将其合理搭配，发挥其功能的极限。

古人常用健毫笔书写在笺纸上，而写在柔性的宣纸上也是可以的，因此健毫笔可以任意配纸。弱吸墨纸可以用健毫笔书写，也可以用柔毫笔书写，因此弱吸墨纸也可以任意配笔。但是，柔毫笔与强吸墨纸较为特殊，它们的搭配必须合理：

强吸墨纸适合配健毫笔。强吸墨纸以宣纸为代表，吸墨性强，而羊毫笔毛较软，笔

彩漆花卉紫毫笔

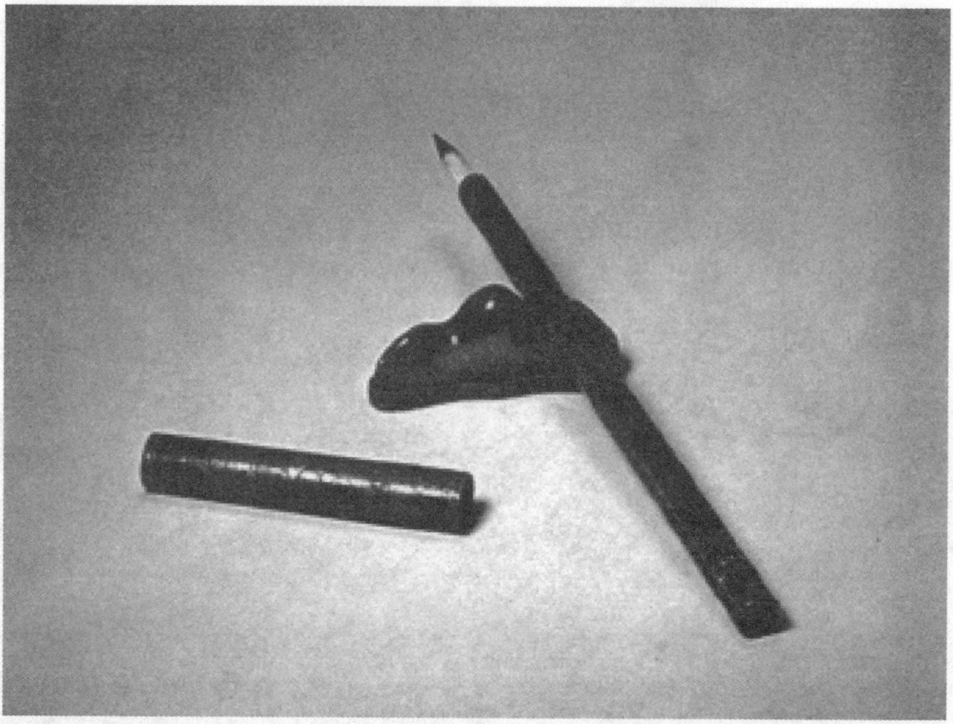

笔墨纸砚要合理搭配使用

笔筒中的各式毛笔

健毫笔宜配浓墨

柔毫笔适合配弱吸墨滑纸

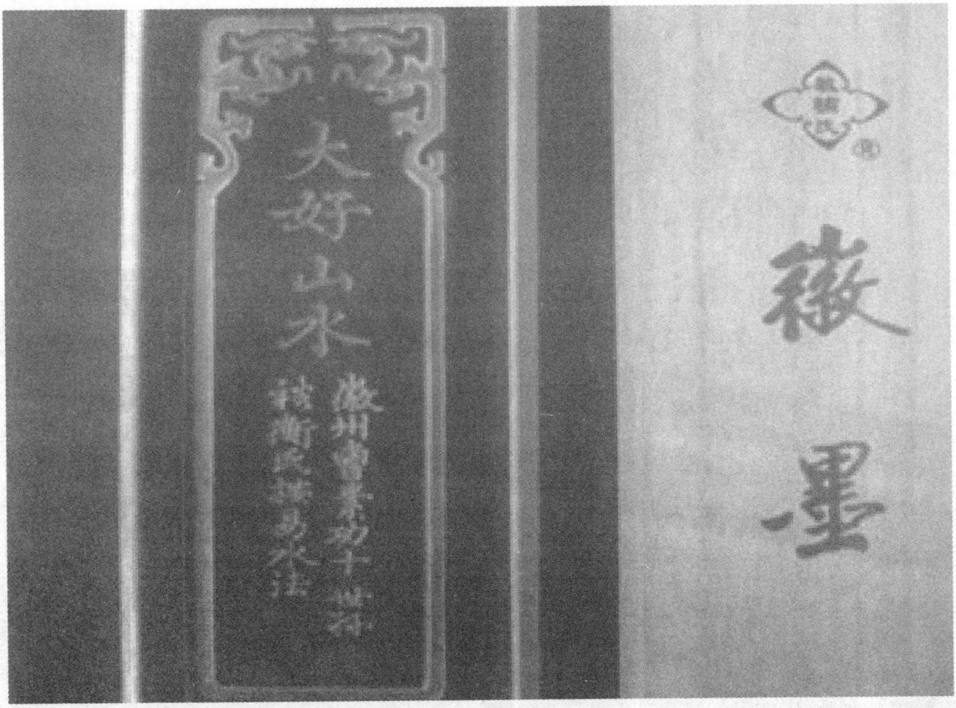

徽墨

一触到纸，墨汁便迅速化开，若行笔缓慢，笔画就全成墨团了。如果行笔略急，墨汁不容易渗透，字便会虚浮无力。因此，要用健毫笔配合强吸墨纸。

柔毫笔适合配弱吸墨滑纸。柔毫笔较软，不易发挥雄挺刚毅的特色，历代书法家多使用健毫笔，很少有用柔毫笔的。其实，柔毫笔虽弱，只要选纸得当，也可以写出柔媚含蓄的字来。柔毫笔应与弱吸墨纸相配，如笺纸虽比宣纸脆硬，而且平滑，吸墨性弱，如果将柔毫笔放慢也可以运转自如。用羊毫在

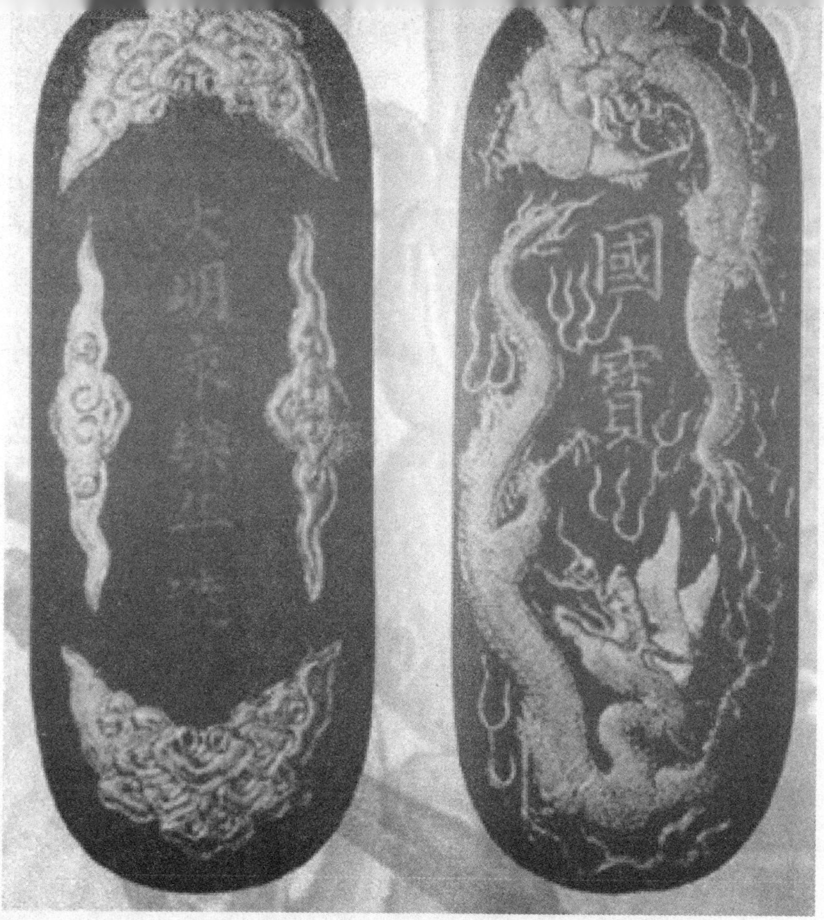

双龙国宝椭圆墨

光滑的纸或绢上也可以得心应手，写出漂亮的字来。

健毫笔宜配浓墨。用健毫笔搭配浓墨，最能表现出苍拔雄劲的风格。清代宰相刘墉就以健毫笔配浓墨著称，有“浓墨宰相”之美誉。

淡墨宜配柔笔。乾隆时大书法家王文治喜用淡墨柔毫，以表现潇疏秀逸之神韵，时称“淡墨探花”“淡墨翰林”。

六、文房四宝的辅助用具

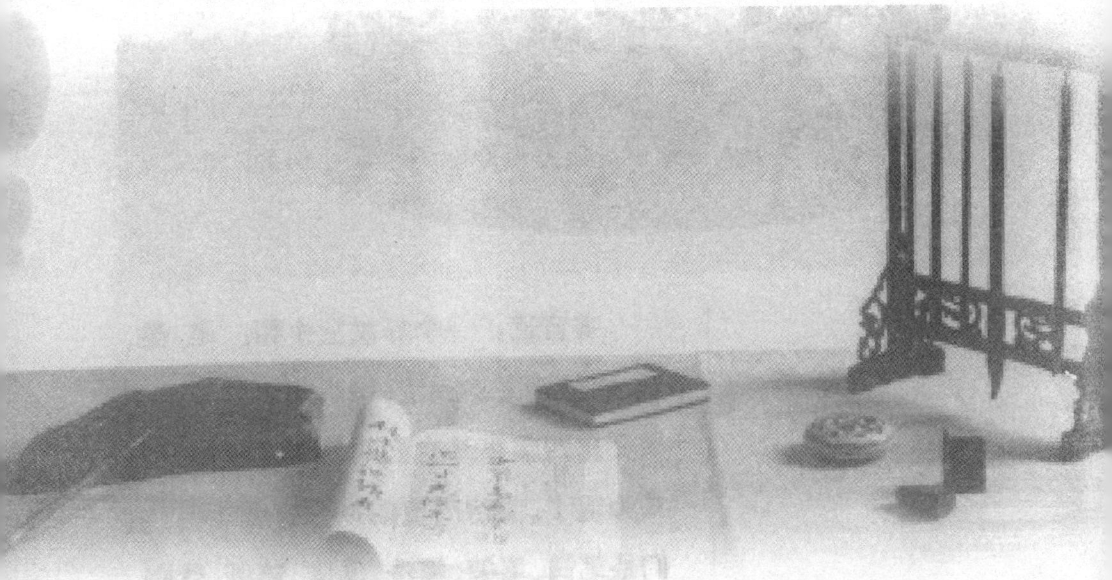

笔筒

常言道:“一个好汉三个帮。”笔、墨、纸、砚虽为文房四宝，但也需要助手。如果文房四宝离开它们的助手，就难以称其为宝了。文房四宝的助手有哪些呢？它们是笔筒、笔架、笔洗、墨床、镇纸、臂搁、水丞、砚滴等。

笔筒:由陶瓷、木质、竹子、玉石、普通石、树根、象牙等制成的插笔器具，笔不用时放在笔筒里。笔筒或圆或方，也有呈植物形或其他形状的。除实用外，现在笔筒已经成为世人喜好收藏的工艺美术品。笔筒上面多以书画装饰，为文房必备器具之一，并广泛地在书房的书案上作为陈设品。

笔架：又称笔格、笔搁。笔架分两种：一种大多做成有底座的四框，供挂笔用，也有做成各式各样的。另一种笔架往往做成山峰形，凹处可以置笔。笔架的质地多为玉石、陶瓷、象牙等。笔架有圆形、方形、长方形、山峰形、龙形等。笔架是文房常用器具之一，也有人物和动物形的，也有用天然老树的根或枝做成的。

笔架

笔洗

笔洗：是洗毛笔的一种器具，笔用完后用以洗掉余墨。笔洗多为钵盂形，也有做成花叶形或塔形的。古代多用贝壳、玉石制作，宋代已有典雅的瓷笔洗问世，明代有用铜制作的小盂做笔洗的。历代多用玉、陶制作，品种较为丰富多彩。上饰各种花纹图案，朴素、文雅、庄重。

墨床：研墨中稍事休息时，供临时放湿墨之物，是文房用具之一。多用木、玉、瓷制作，形状有床式的，也有几案式的。

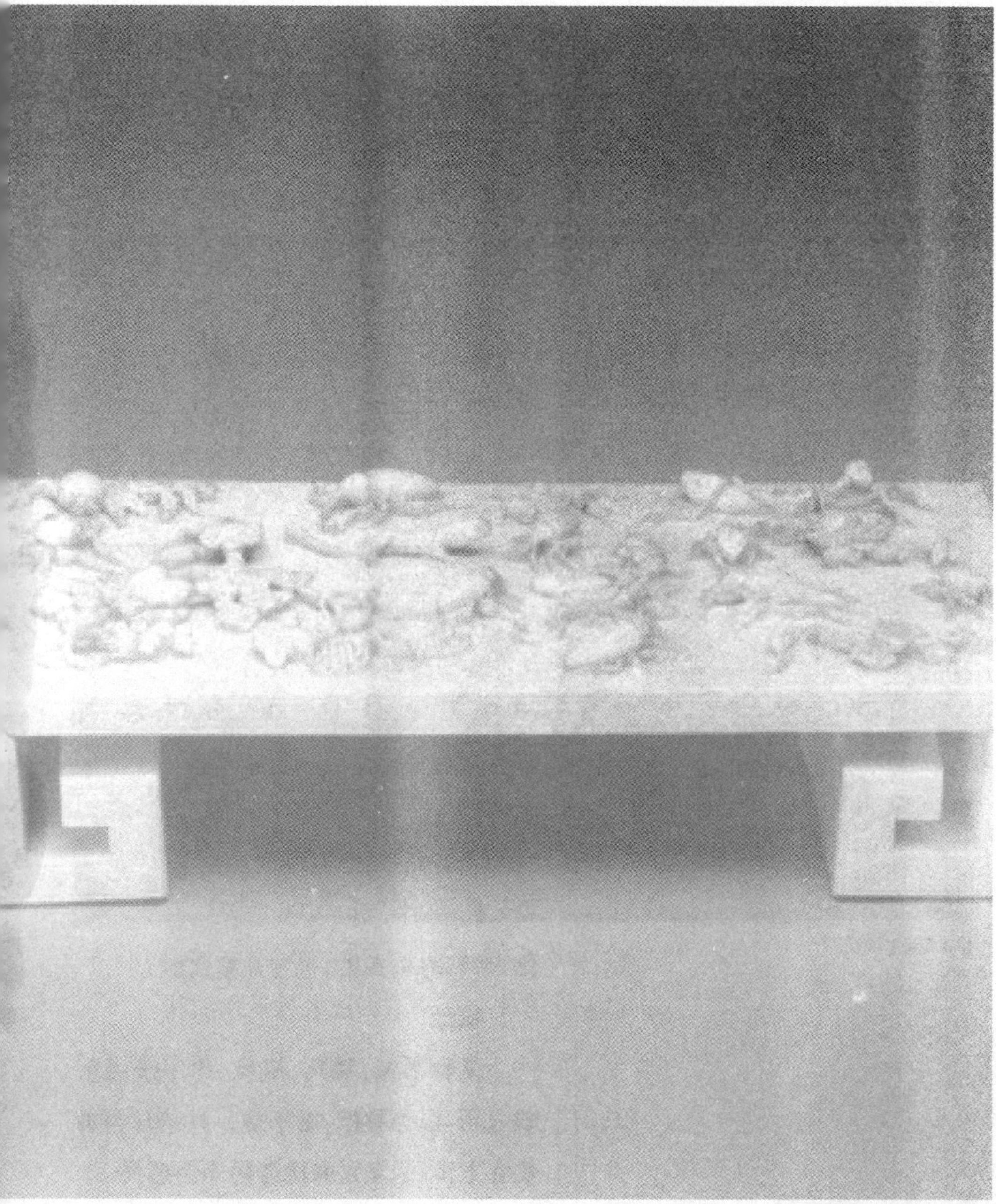

清前中期花卉草蟲墨床

雕饰精美的镇纸

镇纸：又称书镇、镇尺、压尺，作压纸或压书之用，以保持纸、书平整。开始时为扁长立方体，后来常做成各种动物形状。

臂搁：又称秘阁、搁臂、腕枕，是用竹子、象牙等材料制成的临书枕臂的器具。写字时将它垫于臂下，可以防止墨汁污手，也可避免弄脏纸上的字迹。臂搁呈拱形，以竹制品为多。我国古代的书写格式是自右向左，写下一行时，前一行的字迹往往未干，为了防止手臂沾墨，文人们发明了这种工具。一般用去节后的竹筒，将其分劈成三块而成。

水丞：贮砚水的小盂，又称水中丞，是置于书案上的贮水器，用于贮磨墨的水，多属扁圆形。有嘴的叫水注，无嘴的叫水丞。制作古朴雅致，为文房重要器具。

砚滴：又称水滴、书滴，贮存砚水供磨

水丞

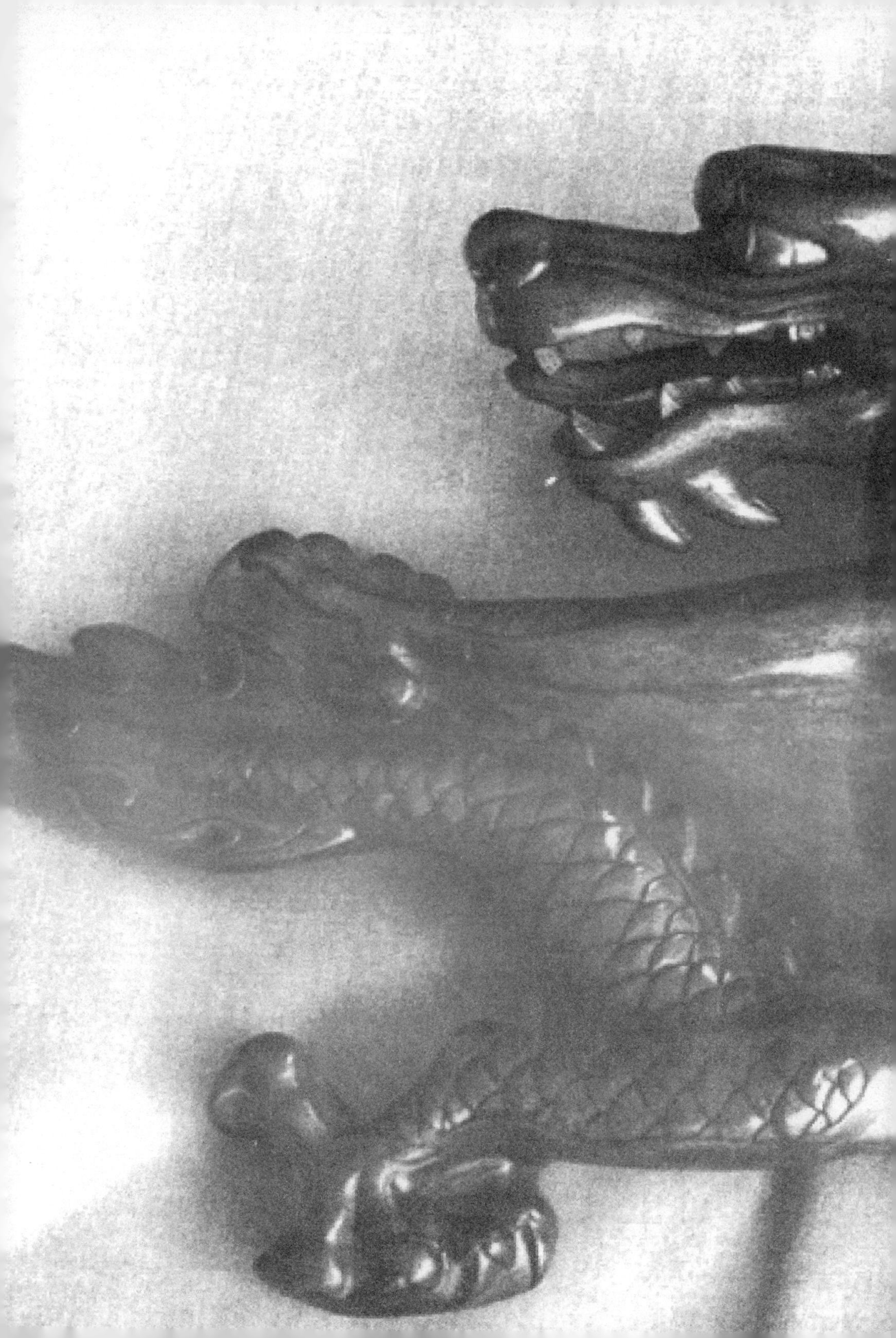

唐代绿釉龟形砚滴

墨之用。人们在使用中发现用水丞或水注往砚里倒水时，往往水会过量，于是出现了便于掌控水量的器物，这就是砚滴。